Georg Popp

Das Kursbuch für mein Leben

Georg Popp

Das Kursbuch für mein Leben

Die Bibel: Kraft und Hilfe für den Alltag

Mit einem Vorwort von Prof. Dr. Otto Knoch

Verlag Friedrich Pustet Regensburg

Meinen Freunden und Wegbegleitern

CIP-Kurztitelaufnahme der Deutschen Bibliothek

Popp, Georg:
Das Kursbuch für mein Leben : d. Bibel: Kraft u. Hilfe für d. Alltag / Georg Popp. – Regensburg : Pustet, 1984.
ISBN 3-7917-0934-8

Die Bibelzitate sind aus »Die Gute Nachricht«, in Einzelfällen auch aus der »Einheits-Übersetzung« entnommen.

ISBN 3-7917-0934-8

Umschlagfoto: B. Marliani/Mauritius
Gesamtherstellung: Friedrich Pustet, Regensburg
Printed in Germany 1984

INHALT

Wie verstehe ich die Bibel?

Die Gliederung der Bibel

Die Bücher des Alten Testaments

Die Bücher des Neuen Testament

EINE MERKWÜRDIGE UNSICHERHEIT

prägt das Verhalten vieler Christen gegenüber der Bibel. Sie haben eine gewisse Ahnung, besitzen auch meist eine Bibelausgabe, aber sie trauen sich dennoch nicht, ihre Ausgabe in die Hand zu nehmen, gründlich anzusehen, das Inhaltsverzeichnis, die Anmerkungen und die Anhänge durchzulesen und dann ernsthaft zu beginnen, das Buch systematisch zu lesen. Es ist hier nicht der Ort, den verschiedenen Gründen nachzugehen, die für diese Bibelfremdheit maßgeblich sind. Es genügt festzustellen, daß dieses Buch aus vielfältigen Gründen eines geblieben ist, das man zwar hochschätzt, meist auch besitzt, aber nicht liest.

Diesem Mangel will Georg Popp, der selbst erst vor einigen Jahren auf merkwürdige Weise die Bibel persönlich entdeckt hat und inzwischen in diesem Zeugnis grundlegender menschlicher Erfahrungen mit dem sich offenbarenden wirklichen Gott heimisch geworden ist, durch sein biblisches Kursbuch abhelfen. Er hat die Gabe, Wichtiges ganz einfach auszudrücken und verfügt über die noch frische Erfahrung, wie man die Bibel und ihre Botschaft sich geistig zu eigen machen kann.

Dieses Kursbuch ist schon vielfach auf seine Brauchbarkeit hin erprobt worden und kann deshalb mit einer gewissen Erfolgsgarantie all denen empfohlen werden, die es ernsthaft wagen, ihre Bibel geistig zu erobern.

Es ist der große Vorteil dieser Gebrauchsanleitung der Bibel, daß sie nicht über die Bibel spricht, sondern hilft, die Bibel selbst zum Sprechen zu bringen. Deshalb sollten sich viele Christen daran machen, mit Hilfe dieser Anleitung ihre Bibel aufzuschlagen, sich mit ihr vertraut zu machen und sie zu lesen mit Ausdauer, Umsicht und wachsendem Verständnis.

Wenn man mich fragt, wozu ich letztlich lesen lernte, antworte ich heute aus voller Überzeugung: um das Wort Gottes lesen zu können. Denn wenn Gott sich wirklich uns Menschen gegenüber in einer langen Geschichte des Volkes Gottes erschlossen hat, ist das Zeugnis darüber, die Bibel, das wichtigste Buch für jeden Menschen. Nur dann, wenn ich dieses Buch und seine Botschaft kenne, weiß ich, was es um die Welt und mein Leben ist, worauf ich als Mensch hoffen kann und worauf es wirklich ankommt im Leben.

So wünsche ich diesem Wegweiser zum fruchtbaren Bibellesen weite Verbreitung und wirklichen Erfolg bei seinen Käufern und Lesern, damit sie die Wahrheit erkennen, den Weg Gottes voll Zuversicht gehen und das wahre Leben finden!

Passau, 4. Fastensonntag 1984 *OTTO KNOCH*

DIE QUELLE MEINER KRAFT

Kraft und Hilfe

In meinem Buch »Der uns die Angst nimmt« habe ich geschildert, wie ich zum Lesen der Bibel kam.
Seit dieser Zeit sind sieben Jahre vergangen und ich erfahre immer wieder neu, wie mir aus der Bibel, dem Wort Gottes, Kraft und Hilfe für mein Leben zufließen, ja, daß die Bibel zu der Quelle meines Lebens geworden ist.

War ich niedergeschlagen: in der Bibel fand ich neuen Auftrieb. Wußte ich den Weg nicht mehr: die Bibel zeigte mir die weitere Richtung für mein Leben. Suchte ich Kraft und Hilfe: die Bibel hat mich noch nie im Stich gelassen.

Heute könnte ich ohne die Bibel nicht mehr leben. Zumindest würde mir eine wichtige Kraftquelle für mein Leben versiegt sein, wenn ich auf die Bibel verzichten müßte.

Ob ich einen Brief des Apostels Paulus oder die Geschichten von Mose lese, ob ich die Bildrede vom Weinstock (Joh 15) oder das Gleichnis vom barmherzigen Vater (Lk 15) meditiere: Immer wieder bin ich neu fasziniert von der Klarheit, von der Einfachheit und von der Wirksamkeit des Wortes Gottes!

Das Kursbuch für mein Leben

Die Bibel ist für mich praktisch zum Kursbuch meines Lebens geworden. Gott zeigt mir darin nicht nur die Richtung und die großen Linien für mein Leben. Er gibt mir in der Bibel auch klare und deutliche Weisungen, wie ich Kraft und Hilfe, Licht und Orientierung für den Alltag erfahren kann.

Zu allem Guten fähig

Im 2. Brief an Timotheus lesen wir über die Bedeutung der Bibel: »Du kennst seit deiner Kindheit die heiligen Schriften ... Alles, was dort geschrieben steht ... verhilft dazu, *den Willen Gottes zu erkennen, die eigene Schuld einzusehen, sich Gott wieder zuzuwenden und ein Leben zu führen, das ihm gefällt.*
So trägt es dazu bei, daß der Mensch, der sich Gott zur Verfügung gestellt hat – (das heißt doch: der auf Gottes Rat hört, der nach Gottes Weisung lebt) –, *zu allem Guten fähig wird*« (2 Tim 3,15ff).

»Die heiligen Schriften machen uns zu allem Guten fähig.«

Wie einfach und leicht wir das in unserem Leben umsetzen und verwirklichen können, zeigt uns Jesus mit ganz schlichten Worten:
»Behandelt die Menschen so, wie ihr selbst von ihnen behandelt werden wollt – das ist alles, was das Gesetz und die Propheten fordern« (Mt 7,12).

Gottes Wort im Alltag

Nehmen Sie einmal ein solches Wort mit in Ihren Alltag hinein und Sie werden im nächsten Augenblick schon spüren, wie durch ein Wort der Bibel Ihr Leben verändert wird. Wie es freundlicher, kraftvoller, zuversichtlicher wird!

Das ist doch die entscheidende Frage meines Lebens: Von wem will ich mein Leben führen lassen?

Von mir selbst, von meinen schwachen Kräften?
Oder von falschen Propheten und Scharlatanen? Wie oft und wie lange wollen wir uns noch von Illustrierten und Filmen eine Scheinwelt vorgaukeln lassen?

Wollen wir nicht lieber wieder zu dem zurückfinden, von dem unser Leben einmal ausgegangen ist und zu dem es eines Tages auch einmal wieder zurückkehrt?

»Wer Gott zum Vater hat, der hört auf das, was Gott sagt« (Joh 8,47).

Gott unser Vater?

Haben wir Gott wirklich zum Vater?
Haben wir auch im Alltag eine Beziehung zu ihm?
Oder ist unser »Vater unser«-Gebet nicht oft ein leeres Lippenbekenntnis? Ein Gebet, das wir vor allem dann sprechen, wenn wir – oder Angehörige von uns – in Not sind.

Gott will unser *ganzes Leben* begleiten und beschützen. Das kann er aber nur, wenn wir uns auch in jeder Lebenslage nach seinen Weisungen richten wollen:

»Richtet euch nach meinen Weisungen, dann werdet ihr ruhig und sicher in eurem Land leben können, und das Land wird so viel hervorbringen, daß ihr genug zu essen habt« (Lev 25,18f).

»Ehrt mich allein, den Herrn, euren Gott, dann werde ich dafür sorgen, daß es in eurem Land genug zu essen gibt und ihr reichlich Wasser habt. Ich werde auch alle Krankheiten von euch fernhalten« (Ex 23,25).

Das wichtigste Buch

Es liegt an uns, ob wir wie bisher allein durchs Leben laufen, ohne Kurs und ohne Ziel. Oder ob wir nicht auch einmal einen Versuch wagen, uns zuerst an Gott, dem Schöpfer unseres Lebens, zu orientieren.

»Bringt mir das Buch«, war eines der letzten Worte des bekannten schottischen Schriftstellers Walter Scott, als er auf dem Sterbebett lag. Er meinte damit die Bibel, die ihn in vielen Jahren seines Lebens begleitet hatte und in der er jetzt den Trost und die Hilfe zum Sterben fand.

Viele große Frauen und Männer haben auf die Frage, welches ihr wichtigstes oder liebstes Buch sei, geantwortet: die Bibel. Wenn sie einmal nur wenig mitnehmen könnten, die Bibel wäre in ihrem Reisegepäck dabei.

Die Bibel: Das Wort Gottes, mit dem wir leben und mit dem wir einmal auch sterben können.

Das Buch, das uns *immer wieder neue Wege* zeigt und neue Kraft gibt. Das uns *Licht in unsere Dunkelheit* bringt und neue Hoffnung schenkt:

Die Bibel: Das Kursbuch für mein Leben.

WAS IST DIE BIBEL?

Das Buch der Bücher

Lassen Sie mich vorweg einige wenige Bemerkungen zum Äußeren der Bibel machen. Das Wort »Bibel« hängt mit dem Namen der phönizischen Stadt Byblos zusammen, die Hauptumschlagplatz für das ägyptische Papyros war. Aus der ursprünglichen Bedeutung »Blatt« entwickelte sich die Bezeichnung »Buchrolle«, aus der später das »Buch« hervorging. Bibel heißt also zunächst »das Buch«. Für Christen aber ist die Bibel *»das Buch der Bücher«* überhaupt!

Das »Buch der Bücher« hat eine zweifache Bedeutung: Zum einen ist es die sachliche Erklärung dafür, daß die Bibel selbst nicht ein einziges Buch ist, sondern wiederum aus vielen Büchern besteht: Aufgeteilt in das »Alte Testament« (AT) – die Zeit vor Christus – und in das »Neue Testament« (NT) – die Zeit Christi und der Apostel – enthält die katholische Ausgabe der Bibel heute in Anlehnung an die lateinische Bibel insgesamt 73 Bücher, zu der die 46 Schriften des Alten und die 27 Schriften des Neuen Testaments *in ihrer Gesamtheit* gehören. Darauf weist das 2. Vatikanische Konzil ausdrücklich hin:
»Aufgrund apostolischen Glaubens gelten unserer heiligen Mutter, der Kirche, die Bücher des Alten wie des Neuen Testamentes in ihrer Ganzheit mit allen ihren Teilen als heilig und kanonisch« (Dogmatische Konstitution über die göttliche Offenbarung, Artikel 11. Abgekürzt: K-Offb 11).
(Die evangelische Ausgabe der Bibel enthält im Alten Testament nur 39 Bücher, insgesamt also 66, weil Martin Luther sich an den Umfang der hebräischen Bibel gehalten hat. Siehe hierzu Seite 114.)

Die Bibel heißt aber auch in einem übertragenen Sinn »Buch der Bücher«: Weil sie für gläubige Christen schlicht und einfach das wichtigste Buch ihres Lebens ist, das Buch aller Bücher, das Buch, das über allen anderen Büchern steht.
In diesem Sinn können wir auch die Bezeichnung »Heilige Schrift« für die Bibel verstehen, weil sie das *heilige Buch* ist, das Buch, in dem Gott selbst immer wieder zu den Menschen gesprochen und ihnen den »Weg zum Heil« gewiesen hat.
Je länger wir in der Bibel lesen, um so mehr erfahren wir an uns selbst, warum die Bibel »Heilige Schrift« heißt: Sie ist das *Buch zu unserem Heil.*

Das Wort Gottes

Wir sagen so leicht dahin, »die Heilige Schrift ist das Wort Gottes«. Haben wir uns aber schon einmal bewußt gemacht, was das für unser Leben heißt?

Wort Gottes: *Gott spricht mit den Menschen.*

Der große, allmächtige Gott, der Schöpfer und Herrscher des für Menschen unvorstellbar großen Weltalls, gibt sich mit uns winzigen Menschen ab! Über 10 Trilliarden Sonnen, jede circa eine Million mal größer als unsere Erde, hat Gott geschaffen und lenkt er in ihren Bahnen.
Wir kleinen Menschen am Rande einer der 10 Milliarden Galaxien aber sind ihm so wichtig, daß *»der Vater seinen Kindern in Liebe entgegenkommt und mit ihnen das Gespräch aufnimmt«* (K-Offb 21).

Gott nimmt mit uns das Gespräch auf!

Die volle Bedeutung dieses Satzes können wir erst richtig erkennen, wenn wir uns vorstellen, wie Menschen oft handeln!

Wenn wir zum Beispiel jemanden sehr verletzt haben, läßt er uns links liegen. Er schaut uns nicht mehr an, er spricht nicht mehr mit uns.
Wir wissen, daß das sehr schmerzhaft und eine große Kränkung sein kann.

Aber Gott handelt nicht so. Er macht es genau umgekehrt! Selbst wenn wir in Sünde gefallen sind:

Gott wendet sich voller Liebe uns zu!

Gott nimmt uns ernst.

Gott kümmert sich um uns.

Es ist ihm nicht gleichgültig, was wir tun und was wir denken.

Gott nimmt sich auch unserer Schwächen an. Voller Geduld wendet er sich immer wieder uns Menschen zu, um uns den Weg zu unserem Glück zu zeigen: »Voll Güte und Erbarmen ist der Herr, voll grenzenloser Liebe und Geduld« (Ps 103,8).

Gott will uns herausführen aus unseren Verstrickungen und Verstocktheiten. Er will uns immer wieder einen neuen Anfang ermöglichen:
»Gott möchte, daß alle Gelegenheit finden, von ihrem falschen Weg umzukehren« (2 Petr 3,9).

Zeichen seiner Liebe

Die ganze Heilige Schrift ist ein einziges Zeugnis der großen, nie aufhörenden Zuwendung Gottes zu den Menschen. Gott spricht mit dem Menschen wie mit seinem Partner. Er hat den Menschen ja geschaffen als »ein Wesen, das uns (= Gott) ähnlich ist!« (Gen 1,26).

Unmittelbar nach der Erschaffung des Menschen nimmt Gott mit ihm das Gespräch auf und gibt ihm seinen großen Auftrag, »die Erde in Besitz« und »die Fische, die Vögel und alle anderen Tiere in Fürsorge« zu nehmen (Gen 1,28).

Dieses Gespräch läßt Gott nie mehr abreißen:

Als Eva sich verführen läßt, spricht Gott mit ihr.

Als die Menschen sich nicht mehr »kümmerten um das, was recht ist; ihr Denken und Handeln war durch und durch böse« (Gen 6,5), da nimmt Gott mit Noach Kontakt auf und »Noach tat alles, was Gott ihm befohlen hatte« (Gen 6,22).

Wie oft spricht Gott mit Abraham und seinen Nachkommen! Schließlich begleitet er 40 Jahre lang das israelitische Volk durch die Wüste und gibt Mose durch sein Wort immer wieder seine Nähe und seine Führung zu erkennen.

Gott spricht zu den Menschen während der ganzen Menschheitsgeschichte. Zunächst durch die Patriarchen, dann durch die Propheten und zuletzt durch seinen Sohn Jesus Christus, den er als größtes Zeichen seiner Liebe zu uns sandte:

»Er, ›das Wort‹, wurde ein Mensch« (Joh 1,14).

»Er kam in die Welt und war in der Welt,
um allen Menschen Licht zu geben« (Joh 1,9).

Der Mensch ist Gott nicht gleichgültig. Er überläßt ihn nicht seiner Schuld, und er beläßt seine liebevolle Zuwendung zu uns Menschen auch nicht bei leeren Worten:
In seiner großen Liebe zu den Menschen ging Gott so weit, daß er seinen einzigen, geliebten Sohn zu uns Menschen sandte. Ja, er ließ zu, daß sein Sohn von Menschen ans Kreuz geschlagen wurde.

Gott zeigt seinen Willen

Eine zweite Bedeutung hat die Bibel für unser Leben: Die Heilige Schrift ist nicht nur die liebevolle Zuwendung Gottes, sondern vor allem auch die *Offenbarung Gottes* gegenüber den Menschen!
Gott offenbart sich den Menschen. Wir sagen heute vielleicht schlichter und einfacher: Gott zeigt sich den Menschen.
Gott gibt sich zu erkennen.
Gott zeigt, wer er ist. Wie er handelt. Was seine Absichten sind.
Gott läßt uns seinen Willen erkennen. Immer wieder läßt Gott uns wissen, wie er zu uns Menschen steht:
»Ich bin der Herr! Herr ist mein Name.
Ich bin ein Gott voll Liebe und Erbarmen.
Ich habe Geduld, meine Güte und Treue sind grenzenlos.
Ich erweise Güte über Tausende von Generationen hin, ich vergebe Schuld und Verfehlung; aber ich lasse nicht alles ungestraft hingehen« (Ex 34,6f).

Sie müssen einmal in den fünf Büchern des Mose nachlesen, wie Gott sich und seinen Willen immer wieder zu erkennen gibt:

»›Herr‹ (Ich-bin-da) ist mein Name für alle Zeiten« (Ex 3,15).

»Ich, der Herr, heiße der Anspruchsvolle, und ich beanspruche ungeteilte Liebe« (Ex 34,14).

»Überall dort – (wo ihr mir dient) – werde ich euch nahe sein und werde euch Glück und Segen schenken« (Ex 20,24).

»Wenn ihr euch nach meinen Anweisungen richtet und meine Gebote befolgt, *werde ich euch mit Segen überschütten*« (Lev 26,3).

Auch im Kapitel 18 des Propheten Ezechiel finden Sie – wie an noch vielen anderen Stellen der Bibel – klare, leicht verständliche Aussagen über Gottes Absichten mit uns Menschen.

Glück und Segen

Was haben wir für falsche Vorstellungen von Gott! Verträumte Bilder aus der Kindheit bestimmen auch heute noch unsere Einstellung ihm gegenüber, der in Wirklichkeit der Mächtige, der Allgewaltige, der Schöpfer, der Unendliche, der Immer-Seiende ist!

Als ich für mein letztes Bändchen »Gott läßt sich finden« die fünf Bücher des Mose neu durchstudierte, da wurde mein Inneres aufgewühlt und meine Einstellung zu Gott völlig verändert:
Welch ein Gott!

Glück und Segen verheißt er denen, die ihn lieben und ihm folgen!
Fluch und Verderben aber den Ungehorsamen, denen, die sich von ihm abwenden:

»Hab keine Angst; ich stehe dir bei« (Gen 26,24), »ich werde dich beschützen« (Gen 31,3) und »ich lasse es dir gutgehen« (Gen 32,13).

Gott »erhört uns in der Not« (Gen 35,3), »der ewige Gott ist deine Zuflucht, in seinen Armen fängt er dich auf« (Dtn 33,27).

»Du kannst dich auf ihn verlassen« (Dtn 33,29); »ich bewahre dich, wo du auch hingehst ... ich lasse dich nicht im Stich« (Gen 28,15).

So handelt unser Gott! Er will uns segnen und beschützen!
Doch wir laufen trübselig durch die Gegend, haben Angst vor dem Morgen und keine Hoffnung mehr: Weil wir Gott nicht kennen!

Dabei hat sich Gott uns kundgetan! Immer wieder!

Wir fragen so oft nach dem Sinn, nach dem Willen Gottes für

unser Leben: Wir müssen nur die Bibel aufschlagen und gläubigen Herzens zu lesen anfangen. Dort zeigt sich uns Gott!

Gott, der auch jeden von uns führen und begleiten und helfen will! Denn *auch für uns gilt*, was Mose zu den Israeliten gesagt hat: »Wenn ihr dem Herrn, eurem Gott, treu bleibt und auf seine Gebote hört und sie befolgt, wird auch er treu sein und zu den Zusagen stehen, die er euren Vorfahren gegeben hat. Er wird euch seine Liebe und Güte erweisen und *seinen Segen über euch ausschütten*« (Dtn 7,12f).

Ich möchte Ihnen Mut und Freude machen an der Bibel!
Sie werden durch Gottes Wort zu einem neuen Leben finden.
Sie werden Gott erfahren, wie Sie ihn noch nie gekannt haben.

Gott wird auch Ihr Leben mit Segen überschütten! Fangen Sie an!
Lesen Sie die Bibel!
Öffnen Sie sich dem Herrn: *Gott will auch mit Ihnen ganz persönlich ins Gespräch kommen.*

Das Instrument Gottes

Die Bibel ist aber nicht nur die Zuwendung Gottes, meines Schöpfers, an mich ganz persönlich. Sie ist auch das Instrument, durch das er mich *seine Absichten erkennen läßt*.
Gott gebraucht die Bibel als ein aktuelles Führungsmittel:
»Am siebten Tag hatte Gott sein Schöpfungswerk vollendet und ruhte von seiner Arbeit aus. Deshalb segnete er den siebten Tag und erklärte: ›Dieser Tag ist heilig, er gehört mir‹« (Gen 2,2f).
»Vergiß nicht den Tag der Ruhe; er ist ein besonderer Tag, der dem Herrn gehört. Sechs Tage in der Woche hast du Zeit, um deine Arbeit zu tun. Der siebte Tag aber soll ein *Ruhetag* sein. An diesem Tag sollst du nicht arbeiten, auch nicht deine Kinder, deine Sklaven, dein Vieh oder der Fremde, der bei dir lebt« (Ex 20,8ff).

Wenn wir wirklich nach diesem Wort leben, wenn wir die Heilige Schrift als Instrument Gottes betrachten, *mit dem er uns führen will*, dann werden wir viel ruhiger und gelöster.

Warum sind die Menschen oft so abgehetzt? Weil sie nie mehr zur Ruhe finden. Nicht nur am Samstagabend, auch am Sonntag wird gearbeitet und geplant. Viele kommen nicht mehr zum Denken und zum Ausruhen.

Unser Leben wird verändert und gewandelt, wird sicherer und freier, wenn wir mehr auf Gott hören und seine Worte ernst nehmen! Gott will nicht bevormunden und unser Leben mit Geboten und Verboten einengen. Er will uns zeigen, *wie wir zu dem wahren Sinn unseres Lebens finden*.

Der Ausgangspunkt meines Lebens

Das gilt im übertragenen Sinn: Wo ich mich nicht an das Wort Gottes halte, gibt es in Wahrheit kein echtes Leben, kein Wachstum, keine Freude.
Das darf ich aber auch ganz wörtlich nehmen: »Im Anfang war das Wort ... *Alles* ist durch das Wort geworden« (Joh 1,1.3).

Das Wort Gottes ist der Ausgangspunkt meines Lebens.

Das Wort Gottes ist der Ausgangspunkt meines Glaubens.

Das 2. Vatikanische Konzil macht dazu mehrere klare Aussagen: »Die heilige Theologie ruht auf dem geschriebenen Wort Gottes ... *wie auf einem bleibenden Fundament* ...
Die Heiligen Schriften enthalten das Wort Gottes: Deshalb sei das Studium des heiligen Buches *gleichsam die Seele der heiligen Theologie*« (K-Offb 24).

»Mit besonderer Sorgfalt sollen sie (die Priester) im Studium der Heiligen Schrift, *die die Seele der ganzen Theologie* sein muß, gefördert werden« (Dekret über die Ausbildung der Priester, 16).

»In ihnen (den Heiligen Schriften) zusammen mit der Heiligen Überlieferung sah sie immer und sieht sie die *höchste Richtschnur ihres Glaubens*« (K-Offb 21).

Der Tisch des Wortes

Dem letzten Konzil ist es auch zu verdanken, daß die große Bedeutung und Verehrung, die der Heiligen Schrift in den ersten Jahrhunderten der Christenheit eingeräumt wurde, heute wieder neu zur Geltung kommt.
Schon der heilige Augustinus, der große Bischof und Kirchenlehrer, verehrte die Bibel als ein Sakrament Gottes:
»Die Bibel ist ein Sakrament für das Ohr.«

Das 2. Vatikanische Konzil stellt die Bibel *auf die höchste Ebene* unseres Glaubens:
»Die Kirche hat die Heiligen Schriften immer *verehrt wie den Herrenleib selbst*, weil sie, vor allem in der heiligen Liturgie, *vom Tisch des Wortes* wie des Leibes Christi ohne Unterlaß *das Brot des Lebens* nimmt und den Gläubigen reicht« (K-Offb 21).

Im Dekret über die Erneuerung des Ordenslebens heißt es in Punkt 6:
»Täglich sollen sie die Heilige Schrift zur Hand nehmen, um durch Lesung und Betrachtung des Gotteswortes ›die überragende Erkenntnis Jesu Christi‹ (Phil 3,8) zu gewinnen ... So werden sie, *am Tisch des göttlichen Wortes* und des heiligen Altars gespeist ...«

Auch die Konstitution über die heilige Liturgie sagt in Punkt 51: »*Der Tisch des Gotteswortes* soll den Gläubigen reicher bereitet werden.«

Für alle Priester hebt das Konzil hervor:
»Aus allen geistlichen Hilfen *ragt jene Übung hervor*, durch die die Gläubigen *vom zweifachen Tisch*, der Heiligen Schrift und der Eucharistie, mit dem Wort Gottes genährt werden« (Dekret über Dienst und Leben der Priester, Artikel 18).

»Vom zweifachen Tisch, der Heiligen Schrift und der Eucharistie, mit dem Wort Gottes genährt ...«

Das ist wohl die größte und schönste, ja heiligste Aussage über die Bibel:
Gott erfahre ich ebenso deutlich und spürbar in der Heiligen Schrift wie in der Eucharistie!
»Sein Wort und die Sakramente sind es, durch die und in denen Jesus nunmehr unter uns wirkt« (Kardinal Suenens).

Gott will mich durch seine heiligen Worte ebenso stärken und mir ebenso intensiv nahe sein wie durch die heilige Eucharistie!

»In der Heiligen Schrift offenbart sich ... eine wunderbare Herablassung der ewigen Weisheit, ›damit wir die unsagbare Menschenfreundlichkeit Gottes kennenlernen und erfahren, wie sehr er sich aus Sorge für unser Geschlecht in seinem Wort herabgelassen hat‹ (Johannes Chrysostomus)« (K-Offb 13).

In unserer Mitte

Christen sind immer sehr beeindruckt, wenn sie »in seinem Namen beisammen sind« und sich dann an Christi Wort erinnern:
»Wo zwei oder drei in meinem Namen zusammenkommen, da bin ich *mitten unter ihnen*« (Mt 18,20).

In Verbindung mit den Aussagen des Konzils über die Bibel können wir dieses Wort Jesu ergänzen: Wo einer Gemeinschaft mit der Heiligen Schrift hat, wo einer sich intensiv auf Gottes Wort einläßt, da ist Christus in seiner Mitte, da ist Christus bei ihm und in ihm!

Für diese verblüffende Aussage finden wir nicht nur eine Bestätigung in unserem eigenen Leben, wenn wir intensiv auf Gottes Wort hinhören. Wir finden dazu auch eine eigene Verheißung Christi:
»Wer mich liebt, der wird sich *nach meinem Wort* richten; dann wird ihn auch mein Vater lieben, *wir werden zu ihm kommen* und *bei ihm wohnen*« (Joh 14,23).

Wir fragen so oft, wie wir Gott besser erfahren und Gott im Leben näherkommen können. Jesus sagt es uns:
Richtet euch nach meinem Wort!

»Wer meine Weisungen annimmt und sie befolgt, der liebt mich wirklich« (Joh 14,21).
»Und auch mein Vater wird ihn lieben und wir werden zu ihm kommen und bei ihm wohnen« (Joh 14,23).

Das aber heißt doch:
Gott, der All-Mächtige, wird gemeinsam mit seinem Sohn Jesus Christus in unsere Mitte kommen.

Er wird »bei uns wohnen«: Gott wird in uns sein. Gott wird uns erfüllen!

Mit all seinem Segen. Mit seiner Gnade. Mit seinem Licht. Mit all seiner Liebe.

Jesus und Gott selbst wollen unser Leben führen und stärken:
Wenn wir uns nach ihrem Wort richten.
Wenn wir uns auf ihr Wort einlassen!

WAS BEWIRKT DIE BIBEL?

Die Bibel gibt Antwort

Wir sagen so oft: Gott gibt sich nicht zu erkennen. Wir meinen dabei: Wir sehen ihn nicht, wir hören nichts von ihm. Wir müssen aber nur die Bibel aufschlagen, und Gott gibt uns Antwort.

»Sucht und ihr werdet finden! Klopft an, und man wird euch öffnen!« ermuntert uns Jesus (Mt 7,7). Und er gibt uns in der Bibel viele Beispiele, wie wir unser Leben leichter und besser gestalten können.

Sie haben sich wieder einmal geärgert, weil man Ihre Leistungen nicht genügend beachtet hat?
»Dein Vater, der auch das Verborgene sieht, wird dich dafür belohnen« (Mt 6,4).

Sie sollen immer nur geben und geben? In der Familie. Im Beruf.
»Der Menschensohn ist nicht gekommen, sich bedienen zu lassen, sondern um zu dienen« (Mt 20,28).
»Helft den Schwachen und habt Geduld mit allen« (1 Thess 5,14).

Sie haben Kummer und Sorgen, Sie wissen nicht, was der morgige Tag Schweres bringen wird?
»Quält euch nicht mit Gedanken von morgen; der morgige Tag wird für sich selbst sorgen. Ihr habt genug zu tragen an der Last von heute« (Mt 6,34).

Wir sind oft vorschnell mit unserem Urteil über andere:
»Richtet niemand, dann wird Gott auch euch nicht richten. Verurteilt niemand, dann wird Gott euch nicht verurteilen« (Lk 6,37).

Die Bibel ermuntert und mahnt

Durch die Heilige Schrift ermuntert uns Gott zu einem *aktiven Leben*:
»Werdet nicht nachlässig, sondern laßt euch von Gottes Geist durchdringen und dient bereitwillig dem Herrn« (Röm 12,11).

Wo wir menschlich enttäuscht sind, erinnert uns die Bibel an die Liebe:
»Wer liebt, der trägt keinem etwas nach ... Wer liebt, der gibt niemals jemand auf ... alles erträgt er mit großer Geduld« (1 Kor 13,6f).

Zum Umgang mit den Nachbarn:
»Sucht in Liebe miteinander auszukommen« (Eph 4,2).
»Seid freundlich und hilfsbereit zueinander« (Eph 4,32).
»Soweit es an euch liegt, tut alles, um mit jedermann in Frieden zu leben« (Röm 12,18).

Wenn wir zornig oder neidisch werden wollen:
»Versündigt euch nicht, wenn ihr in Zorn geratet, und versöhnt euch wieder miteinander, bevor die Sonne untergeht. Sonst bekommt der Teufel Macht über euch« (Eph 4,26).
»Ihr steht immer noch im Bann eurer selbstsüchtigen Natur. Ihr rivalisiert miteinander und streitet euch. Das beweist doch, daß ihr nicht aus dem Geist Gottes lebt, sondern so handelt wie alle anderen Menschen auch!« (1 Kor 3,3).

Wenn Mißmut und böse Gedanken uns beherrschen:
»Wenn du Gutes im Sinn hast, kannst du den Kopf frei erheben; aber wenn du Böses planst, lauert die Sünde vor der Tür deines Herzens und will dich verschlingen. Du mußt Herr über sie sein!« (Gen 4,7).

Für ein soziales Verhalten

Immer wieder leitet uns Gott durch die Bibel zu einem *sozialen, verantwortungsbewußten Verhalten* an:
»Begegnet älteren Menschen mit Achtung und helft ihnen, wo ihr nur könnt. Dadurch zeigt ihr, daß ihr mich ehrt« (Lev 19,32).
»Räche dich nicht an deinem Mitmenschen und trage niemand etwas nach« (Lev 19,18).
»Verweigert Fremden und Waisen nicht ihr Recht« (Dtn 24,17).

Gott ermahnt uns durch die Bibel zu Gerechtigkeit und Wahrheit:
»Schließe dich nicht der Mehrheit an, wenn sie auf der Seite des Unrechts steht« (Ex 32,2).
»Übervorteile niemand und verwende keine falschen Maße und Gewichte« (Lev 19,35).
»Belügt und betrügt einander nicht« (Lev 19,11).
»Gerechtigkeit muß euer oberstes Ziel sein« (Dtn 16,20).

Die Bibel ermuntert uns zu einem Leben in Freude und in Dankbarkeit:
»Genießt voll Freude, was eure Arbeit euch durch Gottes Segen eingebracht hat« (Dtn 12,7).
»In der Gegenwart Gottes sollt ihr eure Opferfeste feiern und fröhlich sein mit euren Söhnen und Töchtern« (Dtn 12,12).
»Freut euch immerzu ... Dankt Gott in jeder Lebenslage« (1 Thess 5,16.18).
»Euer ganzes Leben soll ein einziger Dank sein« (Kol 3,17).

Gott bietet seine Hilfe an

Immer wieder – jeden Tag neu – bietet mir Gott durch sein Wort Hilfe und Kraft für mein Leben an. Gerade in *Stunden der Mutlosigkeit und der Angst* richtet er mich durch die Heilige Schrift wieder auf:

»Ich werde dir beistehen. Ich bewahre dich, wo du auch hingehst« (Gen 28,15).
»Du kannst dich auf ihn verlassen, er ist für dich wie ein schützender Schild und ein scharfes, siegreiches Schwert« (Dtn 33,29).
»Ich wandte mich an den Herrn und er antwortete mir; er befreite mich von allen meinen Ängsten« (Ps 34,5).

Die Heilige Schrift gibt mir Kraft, solche *Schwächen zu ertragen*, die ich von mir aus trotz aller Versuche bisher nicht ändern konnte:
»Dreimal habe ich zum Herrn um Befreiung gebetet. Aber er hat mir gesagt: ›Du brauchst nicht mehr als meine Gnade. Je schwächer du bist, desto stärker erweist sich an dir meine Macht.‹ Jetzt trage ich meine Schwäche gern, ja ich bin stolz darauf, damit die Kraft Christi sich an mir erweisen kann« (2 Kor 12,8f).

In Zeiten der Anfechtung hilft mir Gott durch Jesus zu einer klaren und festen Entscheidung:
»Weg mit dir, Satan! In den heiligen Schriften heißt es: ›Vor dem Herrn, deinem Gott, wirf dich nieder, ihn sollst du anbeten und niemand sonst‹« (Mt 4,10).

Sie brauchen es nur ausprobieren! Beziehen Sie sich im Kampf mit Ihren Anfechtungen auf das Wort Gottes, und Sie werden es genau so erfahren, wie es Jesus ergangen ist:
»Da ließ der Teufel von Jesus ab, und Engel kamen und versorgten ihn« (Mt 4,11).

Gott läßt uns nicht im Stich

wenn wir uns an ihn wenden! Sie sollten einmal die Geschichte von Elija im 1. Buch der Könige (19. Kapitel) lesen, wie Elija verfolgt wird. Isebel will ihn umbringen lassen, »da packte Elija die Angst, und er floh, um sein Leben zu retten«. Nachdem er lange gewan-

dert war, »setzte er sich unter einen Ginsterstrauch und *wünschte den Tod herbei*« (1 Kön 19,4). Aber noch hat er Kraft, sich an Gott zu wenden:
»Herr, ich kann nicht mehr«, seufzte er. »Laß mich sterben! Ich bin nicht besser als meine Vorfahren.« Dann legte er sich unter den Ginsterstrauch und schlief ein.
Aber ein Engel kam, weckte ihn und sagte: »Steh auf und iß!«
Als Elija sich umschaute, entdeckte er neben der Stelle, wo sein Kopf gelegen hatte, einen frischen Brotfladen und einen Krug mit Wasser. Er aß und trank und legte sich wieder schlafen.
Aber der Engel weckte ihn noch einmal und sagte: »Steh auf und iß! Du hast einen weiten Weg vor dir!«
Elija stand auf, aß und trank und machte sich dann auf den Weg. Er war so gestärkt, daß er vierzig Tage und Nächte ununterbrochen wanderte, bis er zum Berg Gottes, dem Horeb, kam (1 Kön 19,4–8).

So hilft Gott! »Er war so gestärkt, daß er *vierzig Tage und Nächte ununterbrochen* wanderte ...«

Auch Sie will Gott durch sein Wort stärken.
Auch Ihnen will Gott Kraft und Hilfe durch sein Wort geben.
Vertrauen Sie sich ihm an.
Gott wird auch Sie durch die Bibel erfahren lassen, was schon die Jünger Jesu wie auch die Jünger des Johannes und die Schüler des Paulus an sich spüren durften:

»So erwies die Botschaft des Herrn ihre Macht ...« (Apg 19,20).

»Das Wort ist in euch lebendig, und ihr habt den Satan besiegt« (1 Joh 2,14).

»Das Wort erweist sich wirksam unter euch« (Thess 2,13); »*in ihm wirkt Gottes Macht*« (Röm 1,16).

Uns allen aber gilt – und ich möchte Sie ermutigen, das auch in Ihrem Leben auszuprobieren:
»*Alle, die Gott mit redlichem Herzen folgen* – (das aber heißt doch: alle, die sich nach Gottes Wort richten) – *finden bei ihm Schutz und Hilfe*« (Spr 2,7).

Ich komme in Bewegung

Wenn ich mich auf Gottes Wort einlasse, geschieht etwas in meinem Leben. Nicht nur in meinem Kopf werden neue Gedanken und Ideen wach. Auch nicht allein mein Herz wird berührt: Mein ganzes Leben kommt in Bewegung.

Betrachten Sie nur einmal Gottes Wege mit Abraham: Auf Gottes Wort hin macht sich Abraham auf den Weg und verläßt »Heimat, Verwandtschaft und die Familie seines Vaters« (Gen 12,1).
Allein das Wort des Herrn ist in den kommenden Jahren seine Orientierung und sein Antrieb.
Aber Abraham vertraut Gott und seinem Wort.
»Er läßt sich auf Gottes Wort ein.«

Gott bringt auch unser Leben durch sein Wort in Bewegung. Sowohl Jesus, wie Johannes und die Propheten, sie alle rufen uns auf zur Umkehr:
»Kehrt um und ändert euer Leben. Gott will jetzt seine Herrschaft in euch aufrichten« (Mt 3,2).
»Zeigt durch eure Taten, daß ihr euch ändern wollt!« (Lk 3,8).

Das ist die große Botschaft Gottes, die er uns durch die Bibel verkünden läßt:

Ich will meine Herrschaft in Dir aufrichten.

Ich will Dir einen neuen Weg zeigen.

Ich will Dich zu mehr Frieden und zu mehr Freude führen.

Ich will Dir mein Licht und meine Hoffnung schenken!

Das Wort Gottes hat Kraft

»Das Wort Gottes ist lebendig und wirksam. Es ist schärfer als jedes zweischneidige Schwert, es dringt durch und trennt Seele und Geist, Mark und Bein. Es zieht die geheimsten Wünsche und Gedanken der Menschen zur Rechenschaft« (Hebr 4,12).

Wie sehr dieses Wort des Hebäerbriefes zutrifft, zeigt ein Beispiel aus der Apostelgeschichte:
Erfüllt und gestärkt vom Geist Gottes predigte Petrus den »frommen Juden aus aller Welt« (Apg 2,5) die Botschaft vom Tod und von der Auferstehung Jesu Christi. Und er schließt seine Worte: »Alle Menschen in Israel sollen daran erkennen, daß Gott diesen Jesus, den ihr gekreuzigt habt, zum Herrn und Retter der Welt gemacht hat« (Apg 2,36).
»Dieses Wort traf die Zuhörer mitten ins Herz« (Apg 2,37).

Die Juden waren *betroffen* und »sie fragten Petrus und die anderen Jünger: ›Brüder, was sollen wir tun?‹« (Apg 2,37).
Petrus aber antwortete wiederum nur mit den Worten des Evangeliums:
»Kehrt jetzt um und macht einen neuen Anfang ...« (Apg 2,38).

Und die Kraft von Gottes Wort zeigte ihre Wirkung: *»Viele nahmen seine Worte zu Herzen* und ließen sich taufen« (Apg 2,41).

Im Wort Gottes erreicht mich die Kraft Gottes. Je öfter ich Gottes Wort in mich eindringen lasse, um so mehr wird mein Glaube an Gott und mein Vertrauen an sein Wirken in meinem Leben gestärkt:

»Der Glaube entsteht aus der Botschaft, die verkündet wird; die Botschaft aber kommt aus dem Wort, das Christus selbst spricht« (Röm 10,17).
»Durch das Wort der Wahrheit hat er uns ein neues Leben geschenkt, damit wir als die ersten unter seinen Geschöpfen ans Ziel gelangen« (Jak 1,18).

Das Wort Gottes verändert unser Leben

Wer die Bibel mit einem aufgeschlossenen Herzen liest, der kann sein Leben nicht wie bisher weiterführen:
»Mein Wort erkennt man daran, daß es wie Feuer brennt. Es ist wie ein Hammer, der Felsen zerschlägt« (Jer 23,29).

Gottes Wort wird auch Sie in Ihren Alltag hinein verfolgen und in Ihrem Herzen wie ein Feuer weiterbrennen! Es läßt uns nicht gleichgültig.

Seit ich die Bücher des Mose gelesen habe und Gottes Verheißungen über den Gehorsam und den Fluch über den Ungehorsam kenne, brennen diese Worte in meinem Herzen, und sie wecken immer neu in mir die Sehnsucht, Gott besser gehorsam zu werden:
»Wenn ihr euch nach meinen Anweisungen richtet und meine Gebote befolgt, *werde ich euch mit Segen überschütten*« (Lev 26,3).

»Wenn mich aber jemand liebt und meine Gebote befolgt, dann werde ich ihm und seinen Nachkommen *Liebe und Treue erweisen über Tausende von Generationen hin*« (Dtn 5,10).

Rufen und wachrütteln,

ermuntern und mahnen, Freude und Hoffnung schenken: das alles bewirkt Gott durch die Bibel.
Nichts anderes will Gott durch seine Botschaft in der Heiligen Schrift erreichen: Die Menschen immer wieder neu *abhalten von ihren Ängsten und ihrem Egoismus* und hinführen zu einem von Gott erfüllten Leben:
»Macht euch nichts vor! Gott läßt keinen Spott mit sich treiben. Jeder wird ernten, was er gesät hat. Wer sich von seiner Selbstsucht leiten läßt, wird den Tod ernten. Wer sich von Gottes Geist leiten läßt, wird *unvergängliches Leben* ernten. Wir wollen nicht müde werden zu tun, was gut und recht ist« (Gal 6,7ff).

»Ihr werdet reiche Frucht bringen«

»Ihr seid schon rein geworden durch die Botschaft, die ich euch verkündet habe« sagt Jesus zu Beginn des wunderbaren Gleichnisses vom wahren Weinstock und den Reben (Joh 15,3). Und er schließt daran seine großartige Verheißung:
»Bleibt mit mir vereint, dann werde auch ich mit euch vereint bleiben ... Wer in mir lebt, so wie ich in ihm, der *bringt reiche Frucht*. Ohne mich aber könnt ihr nichts vollbringen ...« (Joh 15,4f).

»*Ihr werdet reiche Frucht bringen*« – welch eine Verheißung!

Da leben wir oft ängstlich und ohne große Hoffnung dahin, und da kommt Jesus und macht uns dieses einmalige Angebot: Du wirst reiche Frucht bringen.

Ja, auch Sie in all Ihrer Schwachheit und Ohnmacht, werden Frucht bringen, *reiche* Frucht, von der Sie noch gar nichts ahnen und träumen. Sie müssen nur eines tun:

»Bleibe mit mir vereint!«

Wenige Zeilen weiter sagt uns Jesus ganz konkret, was er mit diesem »vereint sein« meint. Und er knüpft eine weitere große Verheißung daran:
»Wenn ihr mit mir vereint bleibt und *meine Worte in euch lebendig sind*, könnt ihr den Vater *um alles bitten*, was ihr wollt, *und ihr werdet es bekommen*« (Joh 15,7).

Wir dürfen den Vater um alles bitten, was wir wollen: Wir werden es bekommen, »*wenn Jesu Worte in uns lebendig sind!*«

Praktisch heißt das doch: Der Vater stellt uns seine Hilfe zur Verfügung, der Vater macht aus unserer Schwachheit neue Kraft, wenn Jesu Worte in uns lebendig sind.

Jesu Worte in uns lebendig sein lassen aber heißt: Jesu Worte *wirksam* sein lassen, Jesu Worte *wirken* lassen in meinem Leben. Dann tritt das ein, was Johannes in seinem ersten Brief geschrieben hat:
»Wer Gottes Wort *befolgt*, bei dem hat die Liebe Gottes ihr Ziel erreicht. Daran erkennen wir, daß wir mit ihm verbunden sind. Wer behauptet, ständig mit ihm verbunden zu sein, muß so leben, wie Christus gelebt hat« (1 Joh 2,5f).

Sein ganzes Leben aber hat Jesus in dem einen Wort zusammengefaßt:
»*Ich gebe euch nur dieses eine Gebot: Ihr sollt einander* lieben!« (Joh 15,17).

WIE LESE ICH DIE BIBEL?

Mit offenem Herzen

Vielleicht konnte ich bei Ihnen mit den vorausgegangenen Kapiteln ein wenig Neugier oder auch Interesse an der Bibel wecken. Dann hätten Sie in sich schon die wichtigste Voraussetzung für das Lesen der Bibel:
Nicht ein langes Studium und auch nicht große Vorkenntnisse sind wichtig für ihr Verstehen, sondern einfach *ein offenes Herz* und *ein großes Verlangen, Jesus und Gott besser kennen lernen zu wollen.*

Lassen Sie mich – bevor wir zum »Verstehen« der Bibel kommen – Ihnen einige ganz praktische Hinweise zum »Lesen« der Bibel geben.

Mehrere Hindernisse

stellen sich Lesern oft in den Weg, die zum ersten Mal eine Bibel in der Hand haben. Den einen ist die Bibel »viel zu dick«: »Dafür habe ich keine Zeit, da komme ich nie durch.«
Anderen ist die Vorstellung, über jeden Satz der Bibel lange nachdenken zu sollen – die Bibel *meditativ* zu lesen – ein Greuel.

Dabei ist das Bibel-lesen nicht nur sehr einfach, sondern auch sehr spannend, wenn Sie richtig zu lesen beginnen.

Verschiedene Möglichkeiten bieten sich an.

1. Die Bibel kursorisch lesen

»Kursorisch« lesen heißt einfach, »der Reihe nach« lesen, so wie ich jedes andere Buch auch lese: von vorn bis hinten.
Bei der Bibel müssen Sie dabei jedoch nicht mit der ersten Seite beginnen. Nachdem die Bibel ja aus vielen einzelnen Büchern besteht, können Sie natürlich innerhalb der Bibel mit jedem Buch anfangen.

Am leichtesten ist der Einstieg, wenn Sie sich gleich Jesus zuwenden. Fangen Sie mit dem Markus-Evangelium an. Es ist das kürzeste von allen. Seine 16 Kapitel lesen Sie bequem in eineinhalb Stunden, an einem ruhigen Sonntagnachmittag. Und schon können Sie sich Jesus viel besser vorstellen.

Von den Paulus-Briefen empfehle ich Ihnen für den Anfang vor allem die Briefe an die Philipper und an die Thessalonicher. (Lesezeit nur 20 bzw. 15 Minuten.)
Haben Sie mehr geschichtliches Interesse, gibt Ihnen die Apostelgeschichte einen guten Einblick in das Leben der ersten Christen und in die Missionsreisen des Paulus. (Lesezeit ca. 2 1/2 Stunden.)

Wollen Sie Gott, Gottes Willen und Gottes Handeln näher kennen lernen, beginnen Sie mit dem 1. Buch Mose (Genesis). Wenn Sie langsam und ruhig lesen, brauchen Sie dabei nur viereinhalb bis fünf Stunden. An einem Wochenende oder an den Abenden einer einzigen Woche können Sie bequem die Geschichte von der Erschaffung der Welt, von Noach, von Abraham und seinen Nachkommen, einschließlich der Berichte von Josef in Ägypten kennen lernen.

Dann sollten Sie mit dem zweiten Buch Mose (Exodus) gleich fortfahren, denn vor allem aus den Offenbarungen Gottes gegenüber Mose können wir sehr viel über Gott erfahren.
Die Lesung des 2. Buch Mose könnten Sie mit dem Kapitel 20 (Gott gibt seinem Volk die Zehn Gebote) abschließen. Die an-

schließenden Kapitel 21–40 mit den detaillierten Schutzbestimmungen des Alten Bundes sind für das erste Lesen noch nicht so wichtig.
In nur zwei Stunden lesen Sie die spannende Geschichte der Wüstenwanderung, von der Kindheitsgeschichte des Mose angefangen bis zur Gesetzgebung auf dem Berg Sinai.
(Nähere Einzelheiten über den Inhalt und die Lesedauer der einzelnen biblischen Bücher finden Sie ab Seite 116)

Nicht stören lassen

»Kursorisch« lesen heißt also, der Reihe nach lesen. Ich lasse mich dabei nicht aufhalten und verwirren von Stellen, die ich im Moment nicht verstehe. Denn das ist eines der größten Hindernisse beim Bibellesen, daß ich zu leicht an unverständlichen Stellen hängen bleibe.

Für das erste Lesen gilt: In der Heiligen Schrift gibt es *so viele leicht verständliche Stellen*, aus denen ich Anregung, Kraft und Hilfe beziehen kann, daß ich mich vorerst um die noch unverständlichen Aussagen nicht zu kümmern brauche.
Der berühmte Schriftsteller Mark Twain hat dazu ein köstliches Wort gesagt: »Mir bereiten nicht die unverständlichen Bibelstellen Bauchweh, sondern diejenigen, die ich verstehe.«

Eine Orientierungshilfe,

die Sie schon beim ersten Lesen einführen können, ist das Anstreichen. Sie nehmen dazu einen Bleistift, damit Sie später eventuell wieder radieren können, und machen am Rand durch ein Ausrufezeichen alle Stellen deutlich, die Ihnen besonders wichtig sind. (Solche Aussagen können Sie auch direkt im Text unterstreichen.

Bei einem späteren Suchen finden Sie dann leichter die Ihnen wichtigen Stellen.)
Ebenso bezeichnen Sie unverständliche Stellen durch ein Fragezeichen. Sie können dann bei Gelegenheit (auch in einem Gebets- oder Bibelkreis oder bei einem Gespräch mit einem Theologen) leichter auf solche zunächst nicht verstandenen Aussagen zurückkommen.
Weitere Kennzeichnungen können Sie im Laufe des Lesens nach Ihrem eigenen Bedarf entwickeln. Nur führen Sie nicht zu viele Zeichen ein, weil das leicht verwirrend wird. *Lieber weniger als zu viel* anstreichen ist eine wichtige Regel.

2. Regelmäßig lesen

Das kursorische Lesen – aufmerksam, gewissenhaft, aber ohne mich von unverständlichen Stellen ablenken oder aufhalten zu lassen – sollten Sie schon von Anfang an mit einem *regelmäßigen* Lesen verbinden! Nehmen Sie sich für jeden Tag oder für jede Woche ein kleines aber festes Programm vor, und bleiben Sie dann treu dabei, auch wenn es Ihnen im Moment einmal nicht danach ist. Auch wenn Sie sich vielleicht unpäßlich oder »nicht in Stimmung« fühlen. Gerade durch das Lesen der Heiligen Schrift wird ja Ihr Leben und auch Ihre momentane Verfassung zum Guten hin verändert! Lassen Sie sich von der positiven Wirkung des Bibel-lesens überraschen, indem Sie *treu* und *regelmäßig* lesen.
Sie können dabei Ihre eigene Lesemethode entwickeln: Ob Sie zum Beispiel immer zwei oder drei Kapitel (oder Seiten), oder regelmäßig zehn Minuten am Tag lesen oder ein anderes Maß sich vornehmen, bleibt völlig Ihnen und Ihren Möglichkeiten überlassen. Nur sollten Sie an einer klaren Regelmäßigkeit festhalten, und Sie werden immer mehr Freude am Lesen der Heiligen Schrift bekommen.

Wann lese ich?

Sie haben keine Zeit zum Bibel-lesen?
Wieviel Zeit verwenden Sie zum Lösen von Kreuzworträtseln, zum Zuschauen beim Fernsehen, zu oft endlosen Gesprächen mit der Nachbarin oder beim Stammtisch?

Es ist einfach *eine Frage der Priorität*:
Was ist mir wichtiger?
Wo erhoffe ich mir mehr Halt und Ruhe und Kraft?

Von Gott oder vom Fernseher?
Von Jesus oder von der Nachbarin?
Von der Bibel oder vom Stammtisch?

Da war vor kurzem der Leiter einer großen Schule bei mir.
Völlig überlastet. Mit den Nerven am Ende ...
Als ich mit ihm seinen Tagesplan durchsprach und versuchte, mehr Ruhe und mehr Klarheit in seinen Tagesablauf zu bringen, da ließ er an manchem eine Veränderung zu. Nur bei einem nicht: seinem geliebten Fernsehen. »Das brauche ich am Abend. Sonst finde ich gar nicht zur Ruhe ...«

Tag für Tag, Abend für Abend: Ab 19 Uhr bis zum Einschlafen Fernsehen. Wahllos; egal, was das Programm auch bringt.
Ein gebildeter Mann. Aber mit den Nerven am Ende.

Die tägliche Lesung in der Bibel kann uns schon einmal einen kleinen Verzicht auf eine liebe Gewohnheit kosten. Aber wenn wir nur ein wenig Phantasie aufwenden und unseren Tagesablauf einmal genauer überprüfen, dann finden wir auch eine Möglichkeit!

So lange wir ohne Schriftlesung leben, *verzichten wir auf eine der wichtigsten Kraftquellen unseres Lebens*!

Viele Möglichkeiten

gibt es, im Alltag zehn Minuten Zeit zur Schriftlesung zu finden. Für Frauen besonders günstig ist die Zeit nach dem Frühstück, wenn alle aus dem Haus sind.
Für den Mann: Abends vor der Tagesschau. Oder vor dem Abendessen. Die Frau kann inzwischen in aller Ruhe das Essen vorbereiten.

In der Straßenbahn oder im Zug. Im Wartezimmer des Arztes oder beim Friseur. Dafür gibt es besonders praktische, kleine Taschenausgaben des Neuen Testaments, die man überallhin mitnehmen kann.

Versuchen Sie es einmal früh vor dem Aufstehen, aufrecht sitzend im Bett. Sie glauben nicht, wieviel Schwung und neue Kraft Sie beim Bibel-lesen bekommen und wie das Aufstehen dann gar nicht mehr zum Problem wird, sondern wie Sie plötzlich aufstehen *wollen*, um das eben Gelesene gleich in die Tat umsetzen zu können!

»*Jede Unruhe im täglichen Leben beginnt mit der Fehlhaltung am Morgen*«, hat schon der bekannte Streß-Forscher Selye festgestellt. Sie werden spüren, wie eine Kraft auf Ihren Alltag ausgeht, wenn Sie ihn früh mit dem Lesen der Heiligen Schrift beginnen.

3. Nach Stichpunkten lesen

Als erste gute Möglichkeit lernten wir das kursorische Lesen kennen, das wir (2.) möglichst regelmäßig durchführen wollen. Nun lassen Sie uns eine neue Art kennen lernen: Nach Stichpunkten lesen.

»*Nach Stichpunkten lesen*« heißt: Ich lese ein oder mehrere Evangelien oder auch die Briefe des Neuen Testaments oder Bücher im Alten Testament vor allem *unter dem Gesichtspunkt meiner Fragen und Probleme*.

Wenn ich zum Beispiel mit Ängsten und Depressionen leben muß: Wie spricht Jesus darüber? Gibt er dazu Hilfen?

Wenn ich mit meinen Vorgesetzten im Beruf, im Orden nicht zurechtkomme: Was sagt Jesus oder Paulus über den Gehorsam?

Wenn mich die Frage nach dem Bösen beschäftigt: Gibt es einen Teufel? Was lehrt die Bibel dazu?

Wenn ich mehr wissen will über Gottes Vorstellungen zu meinem Leben: Was ist der Auftrag Gottes für mein Leben?

Der Begriff »Liebe« wird heute oft verzerrt und entstellt gebraucht: Was sagt die Bibel über die wirkliche Liebe aus?

Sie werden staunen, auf wieviele Antworten Sie beim Lesen der Heiligen Schrift stoßen, wenn Sie diese aufmerksam *nach bestimmten Stichpunkten* durchforschen.

Machen Sie sich auf Ihre eigene Entdeckungsreise, die voller Überraschungen sein wird!

4. Vergleichend lesen

Zum besseren Verständnis der Bibel werde ich auf Dauer nicht allein beim kursorischen Lesen bleiben, sondern die Bibel auch *vergleichend* und *meditativ* lesen.

Was heißt *vergleichend* lesen? Hierunter verstehen wir mehrere

Möglichkeiten. Die bekannteste: Ich vergleiche beim Lesen eines Evangelientextes die Texte der *Synoptiker* miteinander. Synoptiker heißen die ersten drei Evangelisten Matthäus, Markus und Lukas. Matthäus und Lukas kannten beim Abfassen ihrer Evangelienberichte bereits das Markus-Evangelium, und sie bauten ihre Texte darauf auf.
Zusätzlich hatten Matthäus und Lukas noch eine weitere Quelle, die sogenannte Spruch-Quelle, abgekürzt Q genannt. Sie enthielt vor allem Aussprüche Jesu, die vor der ersten Niederschrift eines Evangeliums gesammelt worden waren.
In einer *Zusammenschau* (Synopse) dieser drei Evangelien kann man daher besonders gut Übereinstimmungen, Gemeinsamkeiten und Abweichungen feststellen.

Nehmen wir als Beispiel ein Wort Jesu, das er zur Nachfolge gesagt hat:
»Jeder, der für mich und die Gute Nachricht (die Verbreitung des Evangeliums) sein Haus, seine Geschwister, seine Eltern oder Kinder oder seinen Besitz zurückgelassen hat, der wird all das *in diesem Leben hundertfach* wiederbekommen: Häuser, Geschwister, Mütter, Kinder und Besitz, wenn auch unter Verfolgungen. Und in der *kommenden Welt* wird er das *ewige Leben* haben« (Mk 10,29f).
Was für eine überraschende Aussage Jesu!
»Der wird all das *in diesem Leben hundertfach* wiederbekommen ...«

Wenn ich diese Aussage des Markus-Evangeliums mit den anderen beiden Evangelisten Matthäus und Lukas (Synoptiker) vergleiche, fällt mir auf, daß beide diese Verheißung Jesu bestätigen:

»... der wird *das alles hundertfach wiederbekommen* und dazu das ewige Leben« (Mt 19,29).

»... der bekommt das alles *schon in dieser Welt vielfach zurück*, und in der kommenden Welt erhält er das ewige Leben« (Lk 18,30).

Ich finde also eine Verheißung Jesu, die von *drei* Evangelisten bestätigt wird. Nicht nur Markus, auch Matthäus und Lukas, die erst später ihre Evangelien niedergeschrieben haben, kommen zu dem gleichen Ergebnis: Sie bestätigen diese großartige Verheißung des Herrn!

Wie finde ich Vergleichs-Stellen?

Die neuen Bibel-Ausgaben sind heute alle mit genauen Hinweisen auf die Vergleichs-Stellen versehen. Zumeist stehen sie am Beginn oder am Ende eines Absatzes. In manchen Ausgaben finden Sie diese Hinweise auch am Seitenrand.

Diese konkreten Vergleiche sind jedoch nur innerhalb der drei genannten *synoptischen* Evangelien (Mt, Mk, Lk) möglich.
Darüber hinaus finden Sie in Ihrer Bibel am Seitenrand oder am Ende eines Abschnitts viele Verweis-Zitate, die auf ergänzende Texte hinweisen. Sie sollten immer wieder diese zusätzlichen Stellen nachschlagen und lesen, weil sich Ihnen gerade dadurch die Zusammenhänge der Bibel viel leichter erschließen und Sie die biblischen Aussagen besser verstehen.
Viele Hinweise im Neuen Testament beziehen sich auf die Bücher des Alten Testaments. *Das Alte Testament war ja die Bibel Jesu und seiner Jünger!* Jesus hat bei seinen Reden immer auf das Alte Testament Bezug genommen, und diese Bezugsstellen finden Sie in Ihrer Bibelausgabe am Seitenrand oder am Seitenende angegeben.

Eine weitere wichtige Vergleichsmöglichkeit, die vor allem das bessere Verstehen der Bibel fördert, finden Sie beim *Vergleichen verschiedener Übersetzungen*.
Oft kann ich eine Textstelle besser verstehen oder vor allem ihren *Inhalt genauer* erfassen, wenn ich mir die Mühe mache, die gleiche Stelle in verschiedenen Übersetzungen anzuschauen.

Die verschiedenen Übersetzungen

Es gibt nur eine Bibel – aber es gibt viele Übersetzungen. Da die Bücher des *Alten* Testaments – abgesehen von einigen aramäischen Kapiteln und griechischen Büchern – überwiegend in *hebräischer* Sprache und die Bücher des *Neuen* Testaments alle in der allgemeinen *griechischen* Volkssprache, der *Koinē*, abgefaßt sind, hat man in immer neuen Übersetzungen versucht, die Bibel dem heutigen Menschen verständlich zu machen.

Dies war und ist nicht immer leicht, denn jede Sprache wandelt sich im Lauf der Jahrhunderte. So war zum Beispiel vor 2000 Jahren der Name »Pharisäer« Ausdruck für eine Gruppe besonders ehrenwerter, frommer Männer, die sich streng um eine genaue Gesetzeserfüllung bemühten und die deshalb im Volk besonders angesehen waren. Heute aber verstehen wir unter einem Pharisäer einen Heuchler, einen Menschen, der anders redet als er denkt.

So haben die Übersetzer ihre großen Probleme, wie sie Ausdrücke und Begriffe, die 2000 – oder beim Alten Testament auch 3000 – Jahre alt sind, in einer heutigen Übersetzung den Menschen deutlich machen.

Dabei gibt es vor allem zwei Richtungen: Die einen sagen, man muß wortgetreu übersetzen.
Man versucht dann eine bessere Verständlichkeit dadurch zu erreichen, daß man in vielen Fußnoten zusätzlich Erklärungen anfügt. Zu dieser Richtung zählt die »*Jerusalemer Bibel*«, die in der Sprache und im Satzbau sehr wortgenau am alten Text bleibt, dafür aber am Fuß der Textseiten einen sehr guten *Kommentar* anfügt.
Einen ähnlich guten Kommentar, der leicht lesbar direkt am Seitenrand parallel zum Text mitläuft, bietet die evangelische Bibel-Ausgabe »Lutherbibel erklärt«.

Andere Übersetzer vertreten die Auffassung, man muß die Bibel für den heutigen Menschen verständlich machen und daher auch direkt – und nicht erst mittels angehängter Kommentare – in die heutige Sprache übersetzen. »*Die Gute Nachricht*«, eine Übersetzung in heutigem Deutsch, gehört zu dieser Gruppe. Man nennt diese Übersetzung »dynamisch gleichwertig«.

Eine heute sehr empfohlene Bibelausgabe ist die »*Einheits-Übersetzung*«. Sie erfüllt eine wichtige Aufgabe im Gottesdienst, da die vielen Übersetzungen (mehr als 20 waren gleichzeitig lieferbar) bei ihrer Verwendung in der Kirche sehr störend wirkten.

Beide Übersetzungen haben den Vorteil, daß sie bezüglich des Neuen Testaments *gemeinsam* von der katholischen und der evangelischen Kirche herausgegeben sind und daher in beiden großen Kirchen verwendet werden können.

Bei »Die Gute Nachricht« lautet der entsprechende Hinweis im Impressum der Bibelausgabe:
»Gemeinsame Bibelübersetzung im Auftrag und in Verantwortung von: Deutsche Bibelgesellschaft (Evangelisches Bibelwerk), Katholisches Bibelwerk e. V. Stuttgart, Österreichische Bibelgesellschaft, Österreichisches Katholisches Bibelwerk, Schweizerische Bibelgesellschaft, Schweizerisches Katholisches Bibelwerk, Bibelwerk in der Deutschen Demokratischen Republik, Biblisch-pastorale Arbeitsstelle der Katholischen Kirche in der Deutschen Demokratischen Republik.«

Bei der »Einheits-Übersetzung« hat sich die evangelische Kirche offiziell nur an der Übersetzung der Psalmen und des Neuen Testaments beteiligt. Inzwischen wird die »Einheits-Übersetzung« aber auch in ihrer Gesamtheit in der evangelischen Kirche verwendet. Der entsprechende Vermerk lautet:
»Herausgegeben im Auftrag der Bischöfe Deutschlands, Öster-

reichs, der Schweiz, des Bischofs von Luxemburg, des Bischofs von Lüttich, des Bischofs von Bozen-Brixen. Für die Psalmen und das Neue Testament auch im Auftrag des Rates der Evangelischen Kirche in Deutschland und des Evangelischen Bibelwerks in der Bundesrepublik Deutschland.«

Welche Bibel lese ich?

Wenn ich Ihnen durch dieses Buch die Heilige Schrift ein wenig näher bringen durfte, dann verlieren Sie das Interesse nicht wieder vorschnell daran, indem Sie zur Bibellektüre irgendeine alte Ausgabe nehmen, die seit Urgroßmutters Zeiten bei Ihnen in irgendeiner Ecke steht.

Haben Sie bereits eine Ausgabe der »*Einheits-Übersetzung*« zuhause, dann bleiben Sie bei dieser.

Wenn Sie aber ganz neu mit dem Bibel-lesen beginnen und eine Bibel kaufen wollen, dann bekommen Sie nach meiner Erfahrung den besten Einstieg in die Sprache der Bibel durch »*Die Gute Nachricht*«.

Eine große Hilfe

für das vergleichende Lesen der Heiligen Schrift bietet katholischen Christen die »*Jerusalemer Bibel*« mit ihren ausführlichen Kommentaren, wie auch evangelische Christen heute noch gerne zum Vergleichen auf eine Ausgabe der »*Luther-Bibel*« oder auch der »Zürcher Bibel« zurückgreifen.

Die genaue Kenntnis der Heiligen Schrift ist für jeden Christen so bedeutsam – und die Bibelausgaben sind heute so preiswert –, daß jeder ernsthafte Christ sich nicht mit einer einzigen Bibelübersetzung zufrieden geben sollte.

Im übrigen können Sie in Ihrer Familie ja auch »Die Gute Nachricht« und die »Einheits-Übersetzung« miteinander austauschen: Die eine für die Frau, die andere für den Mann.

Anzufügen wäre noch, daß es von der »Einheits-Übersetzung« verschiedene *Verlags*-Ausgaben gibt; zum Beispiel vom Katholischen Bibelwerk, vom Verlag Herder, vom Verlag Pattloch u. a. Diese Ausgaben sind in ihrer Übersetzung *überall gleich*, wenn sie den Aufdruck »Einheits-Übersetzung« tragen. Sie unterscheiden sich dann nur im Einband, in der Schriftart und -größe und im Anhang, beziehungsweise auch im Kommentarteil.

Kaufen Sie sich eine Ausgabe mit *festem Einband*, denn Ihre Bibel soll ja ein Leben lang halten. Wegen der persönlichen Unterstreichungen und Anmerkungen ist es nicht ratsam, nach einigen Jahren wieder eine neue Ausgabe zu kaufen!
Nehmen Sie sich in jedem Fall aber Zeit für die Anschaffung einer neuen Bibel, denn sie soll und wird *das wichtigste Buch Ihres Lebens* sein!

Wie sieht meine Bibel aus?

Wie schon erwähnt, hat jede Bibel-Ausgabe einen eigenen *Anhang* und meistens auch eine eigene *Einleitung*. Machen Sie sich einmal mit Ihrer Bibel vertraut, indem Sie besonders diese Teile der Bibel studieren! Sie finden darin unter anderem Hinweise auf bekannte Stellen (Die Geschichte Gottes mit seinem Volk, Gleichnisse Jesu, Feste im Kirchenjahr); meistens auch ein ausführliches *Stichwortverzeichnis* und wichtige *Sach-* und *Namenserklärungen*; dazu Landkarten, Zeittafeln und andere interessante Hinweise, die Ihnen beim Gebrauch und Verstehen der Bibel wertvolle Hilfen leisten.

Nach dieser Zwischenbetrachtung über die heutigen Bibelausgaben lassen Sie uns mit den verschiedenen Möglichkeiten des Bibellesens weiterfahren.

5. Meditativ lesen

Die Bibel *meditativ* lesen – also beschaulich, nachdenkend – ist wohl die bekannteste Vorstellung von Bibel-Lesung, gleichzeitig aber auch die unbekannteste Art. Denn viele Christen kommen mit dem meditativen Lesen nicht zurecht.
Meditativ kommt aus dem Lateinischen und bedeutet wörtlich »zur Mitte hin«, »zur Mitte kommen« (*medium* = Mitte).
Zur Mitte kommen will besagen: Zum Herzen gelangen, das Wesentliche erfahren, in die Tiefe vordringen.
Wenn ich die Bibel meditativ lese, lasse ich also Gottes Wort in mich *eindringen*. Es kommt nicht auf die Menge der Worte an, die ich lese, sondern auf mich und meine Bereitschaft, ein Wort Gottes *tief in mein Herz* eindringen zu lassen.

Mehr als beim kursorischen Lesen – aber auch hier wäre es gut – sammle ich mich *vor* der meditativen Bibelbetrachtung, indem ich in die Stille gehe, mir eine ungestörte ruhige Ecke suche und mich im Gebet, im Hören auf Gott, vorbereite.

Der heilige Franz von Sales empfiehlt in seiner »Philothea« drei Schritte zu Beginn einer Meditation:

1. Versetze dich zunächst in die Gegenwart Gottes!
Gott ist ja überall gegenwärtig. Ist mir das immer bewußt? Der große, allmächtige Gott ist mir jetzt nahe. Ja, sagt Franz von Sales: »Er ist das Herz deines Herzens, der Geist deines Geistes, die belebende Kraft, die dich durchdringt und in dir wirkt.«

2. Rufe Gott um seinen Beistand an!
Wir sollen Gott um seinen Heiligen Geist bitten, damit wir durch die Hilfe des Geistes erleuchtet werden und das Wort Gottes verstehen können.

3. Versetze dich im Geist an den Ort des Geschehens!
Wir sollen uns so in die betrachtende Situation hineindenken, als wären wir selbst dabei!

Dabei sein!

Bei der Erzählung vom Sturm auf dem See (Mt 8,23–27) fühlen wir uns zum Beispiel hinein, wie der Sturm aufkommt, wie die Wellen immer größer werden und hinten im Boot ... Jesus schläft und sich nicht aus der Ruhe bringen läßt.

Immer höher türmen sich die Wogen, sie drohen, das Boot unter sich zu begraben ...

Die Jünger schreien und rufen: »Rette uns, Herr, wir gehen unter!«

Jesus aber sagt nur: »Warum habt ihr solche Angst? Ihr habt zu wenig Vertrauen!«
Dann steht er auf und bedroht den Wind und die Wellen. Und es wird ganz still ...

Oder mit Jesus nachts am Ölberg (Mt 26):
Jesus weiß, daß die Entscheidung bevorsteht und daß in dieser Nacht alle an ihm irre werden. Auch der starke Petrus wird ihn verlassen und verraten. Wie muß es in Jesus ausschauen?

Allein ist er an einer *einsamen Stelle* angekommen. *Traurigkeit* und *Zittern* befällt ihn: »Auf mir liegt eine Last, die mich fast erdrückt ...«

Dann geht er weiter, wirft sich auf die Erde nieder und betet: »Mein Vater, wenn es möglich ist, laß diesen Leidenskelch an mir vorübergehen!«

Der Tod ..., die Schande und die Schmach, gescheitert zu sein, und die schlimmen Leiden von Geißelung, Dornenkrönung und Kreuzigung stehen Jesus vor Augen ...

Eine Last, die kein Mensch ertragen kann ...

Das Wort wirken lassen

Hineindenken in die Situation des Bibel-Berichtes. Im Geist dabei sein am Ort des Geschehens. So eingestimmt kann ich mich den Gedanken Gottes, die er durch die Bibel an mich richten will, in aller Ruhe aussetzen. Ich lasse die gelesenen Worte oder Sätze in die Tiefe meiner Seele hineingehen und in meinem Inneren entfalten.
Dabei ist auch beim meditativen Lesen nicht wichtig, daß ich jedes Wort verstehe und jeden Gedankengang erklären kann. Wichtig ist, daß ich dort mit meinen Gedanken verweile, wo mich etwas anspricht. Wo das Wort Gottes in mir etwas in Bewegung setzt; wo etwas in mir geschieht, etwas lebendig wird für mein Leben.

Dazu muß ich dem geistigen Geschehen in mir Zeit geben und das Geschaute in mir zur Wirkung kommen lassen.

Ich versuche, auf Gott zu hören und zu fragen: Herr, was willst Du mir gerade durch dieses Wort heute für mein Leben sagen?

Das Wort Gottes im Alltag

Nehmen Sie ein Wort der Heiligen Schrift mit in Ihren Alltag hinein, und Sie werden spüren, wie es sich Ihnen immer besser erschließt.

Auf dem Weg zum Arbeitsplatz oder in der Küche, bei den vielen Gelegenheiten des Wartenmüssens: Überall können Sie ein Wort Gottes meditieren, sich von ihm begleiten lassen.

Auch ein Wort, das Sie noch nicht verstanden haben: Lassen Sie es in sich wirken. Wiederholen Sie es immer wieder einmal, wenn Sie dazu Gelegenheit haben.

»Ruminatio« nannten die alten Mönche diese Form des »Wiederkäuens«. Lassen Sie Ihre Gedanken dazu ganz locker kommen, ohne krampfhaft etwas verstehen oder hineinlesen zu wollen.

Stellen Sie Fragen an dieses Wort: Auf was macht es mich aufmerksam? Was kann ich für meinen Alltag daraus lernen?

Umkreisen Sie das Wort mit Ihren Gedanken und lassen Sie es dann wieder liegen, bis Sie es später wieder neu aufnehmen.

Versuchen Sie, in den einzelnen Personen sich selbst zu erkennen.

Was wollte der Autor damit sagen?

Was hat das Wort mir persönlich zu sagen?
Wo empfinde ich etwas ähnliches?
Wo habe ich etwas ähnliches schon selbst erlebt?

Welche Gedanken fallen mir zu dem Text ein?
Was macht mich betroffen?

Von Luther lernen

Martin Luther empfiehlt uns eine leicht zu lernende Art des meditativen Lesens. Er empfiehlt vier Folgeschritte für die Meditation eines Bibelabschnitts:

1. Was sagt dieser Text? (Lehre)
Das ist die einfache Betrachtung des gelesenen Textes. Ich frage mich, was sagt dieser Text *inhaltlich*, konkret aus?

2. Wofür habe ich Gott zu danken? (Dank)
In Verbindung mit dem Text frage ich mich, wofür darf ich Gott Dank sagen in meinem Leben?

3. Worüber habe ich mich zu beugen? (Umkehr)
Das ist der Sprachstil Luthers. Heute würden wir sagen: In welchem Punkt meines Lebens muß ich mich ändern? Was kann ich aus der Schriftstelle bezüglich meiner eigenen Lebensführung lernen?

4. Um was soll ich bitten? (Bitte)
Wo benötige ich mehr Kraft oder mehr Hilfe oder mehr Verständnis, daß ich den eben gelesenen Gedanken der Heiligen Schrift auch in meinem Leben besser verwirklichen kann?

Vielleicht schreiben Sie sich diese vier Fragen Luthers wie auch die drei Punkte des Franz von Sales auf einen Zettel und legen diesen in Ihre Bibel ein! Wenn Sie in dieser Art die Heilige Schrift meditativ lesen, werden Sie bald spüren, wie Gottes Wort *immer lebendiger erfahrbar wird*!

Wir erfahren dann, wie Gottes Wort *unser Leben umgreift*, wie es sich uns *immer deutlicher erschließt* und wie wir *Gott unmittelbar zu uns selbst sprechen hören*!

Das Beispiel der Israeliten

Betrachten Sie einmal die Geschichte des Volkes Israel in der Wüste (2. Buch Mose/Exodus). Wie oft haben die Israeliten an Gott gezweifelt! Da hat Gott sie aus der Sklaverei der Ägypter befreit. Gott war es doch, der erreicht hat, daß sie wieder wegziehen konnten. Der Pharao wollte sie ja als billige Sklaven behalten und nicht gehen lassen.

Zehn Plagen muß der Herr den Ägyptern schicken, zehnmal erweist Gott vor den Augen aller Israeliten seine Macht, bis der »Pharao das Volk endlich gehen ließ« (Ex 13,17).
Schon bald »bereuten der Pharao und seine Minister ihre Nachgie-

bigkeit, und sie sagten: ›Hätten wir sie nur nicht gehen lassen! Jetzt haben wir keine Zwangsarbeiter mehr‹« (Ex 14,5).
Und der Pharao bot seine ganze Kriegsmacht auf und jagte den Israeliten nach.
Die aber packte die Angst, und sie fingen an zu zweifeln: »Hast Du uns aus Ägypten geführt, damit wir hier in der Wüste sterben?« (Ex 14,11).

Der Herr aber rettet die Israeliten und läßt die Ägypter alle beim Zug durch das Meer von den zurückflutenden Wassermassen begraben.

Und Gott führt sein Volk durch die Wüste. Er beschützt es, er gibt ihm zu trinken und zu essen, er sorgt für das Volk.
Aber trotz der vielen schon erfahrenen Hilfen Gottes zweifeln die Israeliten immer wieder neu an ihrem Gott. Sie brauchen nur einmal wieder nichts zu trinken zu haben, da fangen sie neu an, Gott zu mißtrauen.

Wie sieht das in meinem Leben aus? Ist mein Leben nicht der Geschichte des Volkes Israel ähnlich? Wie oft habe ich Gottes Nähe und Gottes Hilfe an mir schon erfahren dürfen und bei der nächsten Schwierigkeit fange ich wieder an, mutlos und angstvoll zu werden!

In der Geschichte des Volkes Israel finden wir in gewisser Weise auch unser eigenes Leben wieder!
Das ist eine der wichtigen Bedeutungen des Alten Testaments für uns!
Sie müssen es nur einmal meditativ, betrachtend auf Ihr Leben hin, lesen!

6. Die Bibel betend lesen

Je mehr ich in mich hineinhöre, was Gott mir durch sein Wort sagen will, um so mehr komme ich in direkte Verbindung mit Gott. Mein Lesen und Hören wird zum Gebet.

Fälschlicherweise verstehen wir unter *Gebet* fast immer nur *bitten* und seit dem verstärkten Wirken des Heiligen Geistes in unserer Zeit auch wieder *danken*. Beten aber ist noch mehr.
Beten heißt vor allem, *auf Gott hören, Gott zu mir sprechen lassen* – und nicht Gott selbst immer totreden, indem ich ihn durch meine vielen »Gebete« gar nicht zu Wort kommen lasse.

Ziel jeden Gebetes soll ja die *Verbindung mit Gott* sein. Das heißt: Ich will immer mehr mit Gott und seinem Willen *in Übereinstimmung* kommen!
Hier zeigt sich auch der Sinn und die große Bedeutung einer regelmäßigen täglichen Schriftlesung: Durch das Hören auf Gottes Weisung lerne ich immer besser, meine Wertvorstellungen und meine Ziele, mein Denken und mein Handeln, mein Bewußtsein und mein Unterbewußtsein *auf Gott und Gottes Willen hin auszurichten.* Immer mehr sollen Gottes heilige Prinzipien – und nicht meine egoistischen Wünsche – mein Verhalten bestimmen. Immer mehr soll mein Leben von Gottes Führung – und nicht von meiner Bequemlichkeit und Sündhaftigkeit – geleitet werden.

Mein Wollen und Tun wird dann immer mehr mit Gottes Willen gleichförmig werden, je regelmäßiger ich – zum Beispiel in der Haltung Martin Luthers – meine Bibel lese.

Mein Lesen der Bibel wird dann zum Gebet und ich brauche mich nicht mehr zu ängstigen, daß ich »zum Bibel-lesen keine Zeit mehr habe, weil ich ja auch noch meine Laudes (mein Morgengebet) beten muß«.
Beim betrachtenden Lesen der Heiligen Schrift bin ich mit Gott unmittelbar in Verbindung, und es geschieht das, von dem das 2. Vatikanische Konzil sagt:

»In den heiligen Büchern kommt ja der Vater, der im Himmel ist, seinen Kinder *in Liebe entgegen und nimmt mit ihnen das Gespräch auf*« (K-Offb 21).

Je mehr wir uns betend der Heiligen Schrift öffnen, um so deutlicher und spürbarer kann Gott zu uns sprechen.
Je mehr wir betend die Heilige Schrift lesen – das heißt: mit einem *aufgeschlossenen, ehrfürchtigen* Herzen Gott hören, Gott nahe sein wollen –, um so mehr wird unsere tägliche Bibel-Meditation zum Gottesdienst, zum Dienst für Gott.

Und damit auch zum Dienst für die Menschen.

BIBELKREIS / GEBETSKREIS

Dieses Kapitel will Anregungen zum Lesen der Bibel in Gebetsgruppen und Bibelkreisen geben. Aber auch wenn Sie keinem Kreis angehören, finden Sie in den folgenden Abschnitten interessante Hinweise für Ihre persönliche Schriftlesung.

Die Bibel in Gemeinschaft lesen

Für das Lesen der Bibel in einem Gebets- oder Bibelkreis gelten zwei wichtige Voraussetzungen: Jeder Teilnehmer muß bereit sein, *mit einem offenen Herzen* bei der Bibel-Lesung mitzumachen. Und jeder Teilnehmer muß bereit sein, *auf Gottes Wort hören* zu wollen.

Was heißt das? Wie sieht das in der Praxis aus?

Ich muß mich öffnen: Ich muß *bereit zur aktiven Teilnahme* sein. Das heißt: Mitdenken, aber auch *mitsprechen*. Ich muß bereit sein, mich selbst, meine Empfindungen und meine Erfahrungen in das Bibelgespräch *einzubringen*.

Ich brauche dabei keine Angst zu haben, »ob das auch vielleicht richtig ist«, was ich da sagen will. Viele machen allein wegen dieser Angst ihren Mund nicht auf, und dann wird das Bibelgespräch nicht zu einem lebendigen Austausch, sondern nur zu einem Dialog weniger immer Aktiver. Das aber ist nicht der Sinn eines Gebets- oder Bibelkreises.

Jesus will, daß wir auch Zeugnis von seinem Wirken in unserem Leben geben: »Ich sage euch: Wer sich vor den Menschen zu mir bekennt, zu dem wird sich auch der Menschensohn am Gerichtstag vor den Engeln Gottes bekennen. *Wer mich aber vor den Menschen nicht kennen will, den wird auch der Menschensohn am Gerichtstag vor den Engeln Gottes nicht kennen«* (Lk 12,8f).

Wenn wir aber nicht einmal in einem Gebets- oder Bibelkreis unseren Mund aufzumachen getrauen, wo dann?

Gott will uns mit seinem Wort ansprechen. Er will uns führen und uns Kraft und Hilfe für den Alltag geben. Das aber kann doch nur geschehen, wenn wir auch vom Wort Gottes *betroffen* werden. Wenn das Wort Gottes in uns etwas *in Bewegung bringt*.

Das sollte das Hauptkriterium jedes Bibelgesprächs sein:
Geschieht etwas in mir und den anderen Teilnehmern?
Kommt etwas in Bewegung?
Trifft mich das Wort von Gott oder bleiben ich und die anderen unbeteiligt, vielleicht sogar gelangweilt?

Theologen – und auch Teilnehmer eines Bibelkreises – sollten nicht immer zu sehr Angst haben, daß Laien »etwas falsch« sagen oder »falsch« interpretieren könnten. Wo ein Gebets- oder Bibelkreis lebendig ist, werden so viele gute, positive, »richtige« Antworten kommen, daß man dazwischen ruhig einmal eine »falsche« Aussage *stehen lassen kann*. Die vielen positiven Beiträge gleichen das eine oder andere ungeschickt Gesagte leicht wieder aus.

Mit »stehen lassen« meine ich ganz konkret: *Nicht jede Aussage erwidern* oder ergänzen und »vervollkommnen«! Man nimmt jedem Gesprächskreis seine Lebendigkeit (= sein Leben!), wenn man glaubt, immer und alles ergänzen und revidieren zu sollen.
Alle Leiter von Gebets- und Bibelkreisen, insbesondere aber unsere Brüder im priesterlichen Amt, sollten sich hier sehr genau und immer wieder prüfen! Leider tun gerade Priester oft zu viel des Guten, die in verständlichem Eifer ihr ganzes Wissen weitervermitteln möchten.

Austauschen, nicht diskutieren

»Offen sein« und »hören« nannte ich zwei wichtige Voraussetzungen für das Bibelgespräch in der Gemeinschaft. Offen sein: Ich bin bereit, meine eigenen Erfahrungen in den Kreis einzubringen. Ich überwinde meine Schüchternheit – oder meine Angst –, weil ich weiß, daß Leben nur dort entstehen kann, wo ich mich selbst aktiv beteilige; wo ich selbst meinen Beitrag leiste.

Meine Erfahrungen einbringen heißt aber nicht diskutieren! Ich diskutiere nicht mit den anderen, ob jetzt diese oder jene Meinung richtig oder falsch ist. Ich bin vielmehr bereit zu hören:

Was will mir Gott durch die Aussage des anderen für mein Leben sagen?

Was kann ich aus der Erfahrung des anderen lernen?

Ist mein jetzt gedachter Beitrag eine *wertvolle Ergänzung* oder eine *schädliche Ablenkung*?

Unnütze Diskussionen gehören nicht in einen Gebets- oder Bibelkreis, wo *der Herr der Mittelpunkt* sein soll!

Als Jesus in Galiläa predigte, da hat das Volk nicht klug mit ihm diskutiert, sondern sie alle haben ihm *staunend zugehört*: »Alle stimmten ihm zu und *staunten* über diese Botschaft von Gottes rettender Gnade« (Lk 4,22).

Sie waren betroffen von seinen Worten! (*Diskutiert* mit Jesus hatten die »klugen« und »frommen« Schriftgelehrten, aber nicht das Volk!)

Auch Maria von Betanien »setzte sich vor den Füßen des Herrn nieder und *hörte ihm zu*« (Lk 10,39). Sie diskutierte nicht

mit Jesus, sondern freute sich über seine Gegenwart, schaute ihn an und hörte auf ihn.
Jesus aber sagt über dieses Zuhören: »*Maria hat das Bessere gewählt*« (Lk 10,42).

Eine Hilfe aus Afrika

Um den Gebrauch der Bibel in ihren Diözesen zu fördern, hatten die Bischöfe Südafrikas das Pastoralzentrum in Lumko aufgefordert, den Zugang zur Heiligen Schrift für alle ihre Diözesanen weit zu öffnen, wie es auch das 2. Vatikanische Konzil gefordert hat.
In Lumko kam man sehr bald zu dem Entschluß, keine große Diskussionsgruppen zu bilden oder theologische Fachausbildung durchzuführen, sondern man wollte »den Gläubigen helfen, sich *bei Jesus niedersetzen*, bei ihm *verweilen* zu können und sich von ihm *anrühren* zu lassen.«

Aus diesem Nachdenken über den Auftrag ihrer Bischöfe kamen die Priester und Laien von Lumko zu »Sieben Stufen der Schriftlesung«, die ich in den folgenden Abschnitten mit freundlicher Genehmigung von Pater Arnold Jürgens MHM, dem Generalsekretär der katholischen Weltbibelföderation, hier abdrucke. Sie werden unseren Gebets- und Bibelkreisen eine große Hilfe sein.

»Die sieben Stufen«

1. *Wir laden den Herrn ein.*

2. *Wir lesen den Text.*

3. *Wir verweilen beim Text.*

4. *Wir schweigen.*

5. *Wir sagen einander, was uns berührt hat.*

6. *Wir besprechen, was der Herr von uns will.*

7. *Wir beten.*

Die sieben Stufen schauen einfach aus, und sie sind es auch. Unsere Erfahrung in den Diözesen Südafrikas und darüber hinaus hat uns aber gezeigt, daß diese »einfachen« Stufen hoch hinaufführen können zur Begegnung mit Gott und den Menschen.

Stufe 1–4 helfen uns, bei Gott »auszuhalten«, »hinzuhören«, »mit dem Geschehen eins werden«, »sich Gott überlassen«.

Stufe 5 bringt uns als Brüder und Schwestern näher, weil wir es wagen, mit ihnen unser Erlebnis mit Gott zu teilen.
Dies ist nicht die wichtigste Stufe, aber ungemein beglückend für alle, die tiefe menschliche Gemeinschaft in Gott erleben und gründen wollen.

In Stufe 6 konfrontieren wir unser Leben mit dem Wort Gottes. Oft geschieht das so, daß eine Gruppe in dieser Atmosphäre des Gebetes anstehende Fragen diskutiert, die sie als Nachbarschaftsgruppe lösen sollen.

In Stufe 7 ist jeder eingeladen zu beten, wie sein Herz es ihm oder ihr eingibt.

1. Stufe: Wir laden den Herrn ein

Wenn alle in der Gruppe gemütlich Platz genommen haben, bittet der Leiter jemanden aus der Runde, »den Herrn einzuladen«. Bei dieser ausdrücklichen Einladung geht es weniger darum, Jesus in unsere Mitte zu bitten, als vielmehr darum, *uns für Seine Gegenwart zu öffnen.*

Dieser Glaube an die lebendige Gegenwart des Auferstandenen im Kreis seiner Freunde ist für uns die Voraussetzung und die Basis der Meditation.
Wir wollen ja nicht einem gedruckten Wort begegnen, sondern dem Wort, das Fleisch geworden ist und unter uns sein Zelt aufgeschlagen hat.
In dieser »Einladung« erinnern wir uns an das Wort Jesu: »Wo zwei oder drei in meinem Namen versammelt sind, bin ich mitten unter ihnen« (Mt 18,20).

2. Stufe: Wir lesen den Text

Der Leiter sagt nun den Text an. Zuerst Buch und Kapitel. Er wartet bis alle das Kapitel gefunden haben. Dann erst werden die Verse angegeben.

Eine Atmosphäre der Ruhe ist erforderlich, die durch Kleinigkeiten geschaffen, aber auch zerstört werden kann. Wenn zum Beispiel jemand nach dem Text sucht, während er bereits gelesen wird, stört dies die Atmosphäre des Gebetes.

Der Leiter bittet jemanden aus der Gruppe, den Text zu lesen. Dadurch vermeidet er, Mittelpunkt des Gruppengeschehens zu werden.
Der Leiter »bestimmt« auch niemanden, sondern bittet »irgend jemanden« aus der Gruppe zu lesen.

Jede Art von Schulmeisterei soll unbedingt vermieden werden!

3. Stufe: Wir verweilen beim Text

Nachdem der Text gelesen ist, fährt der Leiter fort und sagt: »Wir verweilen beim Text. Welche Worte sind für uns wichtig?«
Daraufhin lesen die Teilnehmer ein bestimmtes Wort oder Worte aus dem Text laut vor.
Der ganze Text wird auf diese Weise noch einmal durchgegangen. Das Wichtigste dabei: Nach jedem Wort soll Stille gehalten werden. Nicht ganze Verse werden gelesen, sondern nur kurze Worte.
In der Stille sollen die Teilnehmer dieses Wort drei- oder viermal wiederholen. Es soll »einsickern«.

Auf diese Weise gewinnen »gewöhnliche« Worte an Gewicht. Zum Beispiel: »Jesus setzte sich.«
Wenn nach diesem »Wort« genügend Stille gehalten wird, sehen wir Jesus in unserer Mitte: er »setzt sich zu uns«!
Es ist erstaunlich, wie *ohne Kommentar* und *viel menschliches Gerede* das Wort der Schrift zu leben beginnt.
Wir sind hier bereits mitten in der Meditation, was ja nichts anderes bedeutet, als *»liebend bei Gott verweilen«*.

4. Stufe: Wir schweigen

Nach dem »Verweilen« bei den einzelnen Worten des Textes wird der ganze Abschnitt noch einmal langsam gelesen.
Dann kündet der Leiter ein Schweigen an. Er sagt auch die genaue Zeit, wielange Stille gehalten werden soll, zum Beispiel 3 Minuten. Dies hat sich als sehr wichtig herausgestellt. Da-

durch wird die Atmosphäre der Ruhe gefördert, und niemand wird nervös, weil er nicht weiß, wie es weitergehen soll.

In dieser Zeit der Stille können große Dinge geschehen. Wir raten den Leuten, diese Zeit wirklich vor Gott zu verbringen.

»*Wir öffnen uns für Gott.*«

»*Wir lassen uns von Ihm lieben.*«

»*Wir lassen uns von Ihm anschauen.*«

Eine sehr fruchtbare Weise, diese Zeit der Stille zu verbringen, ist, ein bestimmtes Wort ständig zu wiederholen, zum Beispiel: »Jesus setzte sich«.

Das Wichtigste: In dieser Zeit der Stille »*warten wir auf Gott*« und beginnen nicht, unsere schlauen Gedanken zu spinnen.

Meditation: einfach offen sein für Gott, auf Ihn warten, *bei Ihm sein*.

5. Stufe: Wir sagen einander, was uns berührt hat

Nach dem Schweigen kündet der Leiter die nächste Stufe an: »Wir sagen einander, *was uns berührt hat.*«

Es wäre sicher ein großes Erlebnis, wenn unsere Freunde in Deutschland bei einer Gruppe von schwarzen Christen dabeisein und hören könnten, was viele Gruppen in Afrika aus dieser Stufe machen.
Wir können auch Professoren der Theologie versichern, daß sie über die Tiefe geistlicher Einsichten bei »ungebildeten Leuten« erstaunt sein würden.

Viele weiße Christen finden es schwer, sich mit-zu-teilen, sich anderen zu »eröffnen«, mit anderen über ihre Erfahrungen mit Gott zu sprechen. Das sind sie nicht gewöhnt.
Dennoch aber hat es Jesus getan! Er hat sein innerstes Leben mit Gott mit uns geteilt. Das hat er nicht in Vorträgen und Vorlesungen getan, sondern ganz lebendig und persönlich!

Er hat sich nicht gescheut, mit uns Mensch zu sein.

Er hat sich nicht gescheut, seine *innere Betroffenheit* mit seinen Freunden zu teilen:

»Jetzt ist meine Seele erschüttert ...« (Joh 12,27).
»Meine Seele ist betrübt bis in den Tod ... (Mt 26,38).

Ganz »persönlich« hat sich Jesus uns »mit-geteilt«: »Nehmt und eßt, das ist mein Leib ...« (Mt 26,26).

Wenn wir in dieser Stufe einander sagen, was uns innerlich berührt hat, dann tun wir das nicht, um »anzugeben«, sondern *um einander zu helfen, im Glauben zu wachsen.*

Die ganze Heilige Schrift ist nichts anderes als eine Gotteserfahrung, die das Volk Israel und Jesus *mit uns* »teilen«.

Es ist eigentlich sonderbar, daß wir alle möglichen Erlebnisse mit unseren Freunden besprechen. Wenn es aber um unser Erleben mit Gott geht, verkriechen wir uns gerne in unser Schneckenhaus!
In dieser gemeinsamen Schriftmeditation kann es aber ganz natürlich und ungezwungen »gewagt« werden!

6. Stufe: Wir besprechen, was der Herr von uns will

Jetzt ist die Zeit gekommen, unser Leben im Licht des Evangeliums zu sehen!
Der Leiter liest von seiner Stufen-Karte: Wir besprechen, was der Herr von uns will!

In den Basisgemeinden werden jetzt alltägliche Probleme besprochen:
Jemand braucht Hilfe in der Nachbarschaft ...
Kinder sollen im Glauben unterrichtet werden ...
Wer hält den nächsten Gottesdienst am Sonntag, weil der Priester nicht da ist?
Wie können wir einen Streit schlichten, der entstanden ist?
Was können wir gemeinsam tun, damit die Straßenlampe wieder brennt?

All diese Probleme haben vielleicht mit dem Bibeltext direkt nichts zu tun. Dennoch aber werden sie *in der Atmosphäre der Nähe Gottes* besprochen. Die Dinge schauen anders aus, wenn Gott auch mit dabei sein darf!

7. Stufe: Wir beten

Der Leiter lädt nun alle ein zu beten.
Das Wort Gottes, die verschiedenen Erfahrungen mit dem Wort Gottes, die täglichen Probleme – all das gibt Nahrung für das Gebet.
Manchen fällt es leichter, sich im Gebet anderen zu »eröffnen«.
Wir ermutigen die Teilnehmer, alles mit einfließen zu lassen in dieses persönliche Gebet, was ihnen am Herzen liegt oder durch was sie in dieser Meditation betroffen wurden.
Erst ganz zum Schluß beten wir gemeinsam ein Gebet, das alle auswendig können.

Schwierigkeiten

Auch über Schwierigkeiten berichten die Mitarbeiter von Lumko:
»Natürlich treten auch Schwierigkeiten auf. Obwohl zum Beispiel in den Basisgemeinden der Diözese Ndola in Sambia diese Art der Schriftmeditation die Grundlage der Gruppen bildet, klagt Bischof De Jong:
›Allzuoft bleiben die Leute in frommen Erwägungen stecken und vergessen dabei das wirkliche Leben!‹

Es muß uns also immer mehr gelingen, das *tägliche Leben* im Licht des Evangeliums zu verstehen. Im Grunde geht es bei diesen Meditationen nicht darum, das Evangelium zu erklären, sondern *das Leben soll im Lichte des Evangeliums* interpretiert werden, wie es das Konzil will (Pastorale Konstitution über die Kirche in der Welt von heute, Artikel 4).

Wenn Meditationsgruppen den Bezug zum Leben verlieren, werden sie *bald einschlafen*. Wir bemühen uns deshalb im Pastoralzentrum Lumko, den Leuten zu helfen, *die Beziehung zum Leben* immer besser zu sehen.«

So weit der Text unserer afrikanischen Brüder.

Verschiedene Betrachtungsarten

Noch viel stärker kann uns ein Wort der Heiligen Schrift ansprechen, wenn wir es ganz persönlich an uns gerichtet betrachten. Ich kann und darf ein Wort der Bibel in verschiedenen Formen lesen und meditieren.

Nehmen Sie zum Beispiel den folgenden Text aus Zefanja, einem der zwölf kleinen Propheten:

«Der Herr, dein Gott, ist in deiner Mitte.
Er ist mächtig und hilft dir.
Er freut sich über dich.
Er schafft dich neu in seiner Liebe.
Er jubelt laut, wenn er dich sieht « (Zef 3,17).

Diesen Text kann ich nun variieren in der Form, daß
a) *Gott mich ganz persönlich anspricht:*
»Ich, der Herr, dein Gott, bin in deiner Mitte.
Ich bin mächtig und helfe dir.
Ich freue mich über dich.
Ich schaffe dich neu in meiner Liebe.
Ich juble laut, wenn ich dich sehe.«

Spüren Sie, wie der Text Sie jetzt noch unmittelbarer anspricht? Wie Gott Ihnen ganz nahe, ganz gegenwärtig wird?

Diesen Text kann ich dann abwandeln
b) *in eine persönliche Zwiesprache mit Gott*
und es entsteht ein wunderbares Gebet, von dem viel Kraft ausgeht:
»Du, o Herr, mein Gott, bist in meiner Mitte.
Du bist mächtig und hilfst mir.
Du freust dich über mich.
Du schaffst mich neu in deiner Liebe.
Du jubelst laut, wenn du mich siehst.«

Eine besonders schöne Variante:
c) *Sie sprechen sich ein Bibelwort* im Gebets- oder Bibelkreis *persönlich* zu. Zum Beispiel als Abschiedsgruß oder als Friedensgruß während des Gottesdienstes. Bei einem etwas längeren Spruch wie diesem schadet es nicht, wenn wir ihn uns vorher aufschreiben und beim Zusprechen dann ablesen. Noch persönlicher aber wird es, wenn sich jeder nur eine einzige Zeile merkt und diese als Segensgruß weitergibt:
»Der Herr, dein Gott, ist in deiner Mitte. (x)

Er ist mächtig und hilft dir.
Er freut sich über dich. (x)
Er schafft dich neu in seiner Liebe.
Er jubelt laut, wenn er dich sieht.«

An den mit (x) gezeichneten Stellen können Sie den Namen des Angesprochenen einsetzen.

Sie müssen einmal erleben, wieviel Kraft und Hoffnung von einem so persönlichen Zuspruch ausgeht! (Bevor Sie so etwas einmal getan haben, mag es Ihnen etwas merkwürdig, zumindest ungewohnt vorkommen. Warum aber sollten wir uns nicht gegenseitig Mut machen mit Worten aus der Heiligen Schrift?)

Lassen Sie mich dieses Kapitel mit einigen Bibelworten schließen, die Sie in der oben angeführten Form abwandeln können. Sie sollen zugleich ein Beispiel dafür sein, wieviel Kraft und Freude Sie in der Bibel finden können.

»Kehrt um und wendet euch mir wieder zu, dann will auch ich mich euch wieder zuwenden und nicht mehr zornig sein« (Sach 1,3).

»Sie sollen mein Volk sein, und ich will ihr Gott sein in unwandelbarer Treue« (Sach 8,8).

»Kommt zu mir, dann bleibt ihr am Leben« (Am 5,4).

»Halte dich in deinem Handeln an die Liebe und an das Recht, und setze dein Vertrauen allein auf mich, deinen Gott« (Ho 12,7).

»Nehmt mich beim Wort! Ihr werdet erleben, wie ich euch mit Segen überschütte« (Mal 3,10).

»Mein Brautgeschenk für dich sind meine Hilfe und mein Schutz, meine Liebe, mein Erbarmen und meine unwandelbare Treue« (Hos 2,21f).

WIE VERSTEHE ICH DIE BIBEL?

Was will ich verstehen?

Wer sich rein verstandesmäßig die Bibel erschließen will, kann vielleicht eine gute wissenschaftliche Arbeit vorlegen. Aber er wird den Kern der Botschaft nie verstehen.
So lange ich die Heilige Schrift nur mit Methoden der Sprach- und Geschichtsforschung ergründen will, werden sich mir auch nur die an der Oberfläche bleibenden Literaturgattungen und Geschichtsmitteilungen öffnen.

Was aber will ich denn verstehen?
Ein gewaltiges literarisches Kunstwerk?
Ein altes, neuentdecktes Geschichtswerk?
Die Sitten und Gebräuche der Ägypter und Israeliten?

Oder will ich *Gott* tiefer verstehen lernen.
Gottes Handeln besser begreifen.
Meinen Glauben fördern.
Gott und Jesus Christus näher kommen.

In einer großen Erwartung sein

Das Wesen der Bibel, den Kern der Heiligen Schrift, erfasse ich nur, wenn ich mich den Schriften der Bibel in der großen Erwartung nähere, *daß Gott zu mir sprechen will.*

So lange ich ausschließlich mit dem Verstand allein die Bibel verstehen will, komme ich nicht sehr weit.

Das war ja schon das große Problem – und Verhängnis – der Schriftgelehrten und Pharisäer zur Zeit Jesu: Sie haben ihn mit dem Verstand zu verstehen versucht. Sie haben seine Worte wörtlich – vom Wort her – betrachtet und mußten dabei scheitern:
»Wenn er sagt, wohin ich gehe, dorthin könnt ihr mir nicht folgen – heißt das, daß er Selbstmord begehen will?« (Joh 8,22).

Sie haben nur das *gesprochene* Wort vernommen, aber nicht den *Sinn* der Botschaft Jesu wahr genommen, daß Jesus vom Vater sprach, zu dem er gehen würde. Und Jesus antwortete ihnen:
»Ihr seid von unten, aber ich komme von oben. Ihr gehört zu dieser Welt, aber ich bin nicht von dieser Welt ... Ich bin der, an dem sich alles entscheidet« (Joh 8,23f).

An dem sich alles entscheidet.

Letztlich entscheidet über mein Bibelverständnis mein Glaube an Jesus Christus, mein Glaube an Gott:

Daß ich mich von Gottes Wort treffen lassen will.

Daß Gottes Wort meinem Leben eine neue Richtung geben soll.

Daß ich durch Gottes Wort ihm näher komme und seinen Willen besser erfülle.

Reinhold Schneider schreibt in seinem Buch »Verhüllter Tag« über die Bibel:
»Dieses Buch kann man nicht lesen, wie man auch die Exerzitien des heiligen Ignatius nicht lesen kann. Man kann es nur tun. Es ist kein Buch. Es ist Lebensmacht. Und es ist unmöglich, auch nur eine Zeile zu begreifen ohne den Entschluß, sie zu vollziehen.«

In Demut vor Gott

Für das Verstehen der Bibel können wir keine allgemeinen Regeln aufstellen, wie zum Beispiel in einem Mathematikbuch. Es lassen sich aber wichtige Hinweise finden, wie sich Gottes Wort auch mir persönlich erschließt.

Das erste: *Ich lese die Heilige Schrift in Demut vor Gott.*

Ich weiß, daß *Gott* durch die Bibel zu mir sprechen will: Gott, der der Überall-Seiende ist, aber auch der Verborgene, der Geheimnisvolle, den ich suchen und finden muß.

Es kommt also vor allem auf das *Suchen* und *Hören* an, nicht auf eine Menge von Wissen, wenn ich Gott kennenlernen und finden will!

Jesus sagt auch uns: »Achtet auf das, was ich euch sage! *Nach dem Maß eures Zuhörens* wird Gott euch Verständnis geben, ja sogar noch mehr« (Mk 4,24).

Und bei Lukas 8,18 ruft uns Jesus zu: »Gebt also acht, daß ihr *richtig zuhört.*«

Wenn ich so oft von »offen sein« und »hören« spreche, dann einfach deswegen, weil an dieser Einstellung – ob ich offen oder verschlossen bin, ob ich höre, also lernen will oder ob ich angeblich schon alles weiß – meine Beziehung zu Gott sich entscheidet!

»*Gebt also acht, daß ihr richtig zuhört*«, ist ein Wort von Jesus, mit dem er uns sagen will: Wißt nicht alles schon besser, sondern hört auf mich und hört auf den Vater!

»*Ich lese die Heilige Schrift in Demut vor Gott*« heißt daher:
Ich will mich *von Gott beschenken lassen.*
Ich will *von Gott Neues erfahren.*

Ich sage also zum Beispiel nicht gleich »das stimmt ja gar nicht«, weil ein biblischer Autor in der *Sprache seiner Zeit* geschrieben und mit *Begriffen seines Landes* gearbeitet hat. Sondern ich hinterfrage betend und in Demut:

Herr, was willst du mir durch diese Erzählung sagen?

Ein Beispiel

Natürlich ist es gut – und wir werden darüber noch mehr erfahren –, wenn ich Näheres über die Erzählformen und die geschichtlichen Hintergründe weiß.
Aber auch wenn ich zum Beispiel noch nie etwas davon gehört habe, daß man im alten Israel die Wege und Büsche besät hat, weil diese später beim Pflügen mit eingeebnet wurden, so kann ich doch auch ohne Kenntnis dieser geschichtlichen Hintergründe das Gleichnis vom Säman verstehen (Mt 13,3–9).
Dies gilt für viele biblische Gleichnisse und Erzählungen.

Doch alle geschichtlichen Informationen nützen mir nichts, wenn ich nicht »Hunger und Durst« nach Gottes Wort habe!

Wenn ich nicht Sehnsucht danach habe, daß immer mehr *sein* Wort und *sein* Wille mein Leben bestimmen sollen und nicht meine Wünsche und meine Vorstellungen.

Denen, die Hunger und Durst danach haben, *daß Gottes Wille geschieht*, denen verspricht Jesus: »Sie werden satt werden!« (Mt 5,6 EÜ).
»Gott wird ihre Sehnsucht stillen« (Mt 5,6 GN).
(EÜ = »Einheits-Übersetzung«. GN = »Gute Nachricht«.)

Für das Verständnis der Bibel kommt es in erster Linie nicht auf große Kenntnisse an. *Gott offenbart jedem sein Wort, der sich ihm in Demut und in einer großen Erwartung nähert!*

Das Werk Satans

ist es, die Heilige Schrift zur Verwirrung zu benutzen. Er weist vor allem immer wieder auf die nicht leicht verständlichen Stellen hin oder auf Aussagen, die mit der heutigen Naturwissenschaft nicht in Übereinklang zu stehen scheinen.
Satan hat schon Jesus *mit Texten aus der Bibel* zu verführen versucht: »In der Heiligen Schrift steht: ›Gott wird seinen Engeln befehlen, dich auf Händen zu tragen, damit du dich an keinem Stein stößt‹ und Jesus antwortete ihm: ›Aber in den heiligen Schriften heißt es auch: Du sollst den Herrn, deinen Gott, nicht herausfordern‹« (Mt 4,6f).

»In Demut vor Gott« die Bibel lesen heißt auch: Ich lasse mich nicht verwirren und ablenken von mir unbegreiflichen Begriffen und Berichten. Ich lasse Unverstandenes zunächst stehen, bis ich mir nähere Informationen dazu einholen konnte.

»In Demut vor Gott« heißt: Ich freue mich *an dem* Text, der sich mir erschließt. Ich hole mir Kraft aus *den* Worten, die ich verstehe.

Die Bibel und die Naturwissenschaft

Um die Bibel besser verstehen zu können, müssen wir hier noch einmal auf die Beantwortung unserer Frage: »Was ist die Bibel« zurückkommen:
Die Bibel ist *Gottes Wort an die Menschen*, wobei Gott in der Heiligen Schrift »durch Menschen nach Menschenart gesprochen hat« (K-Offb 12).

Was Gott in den verschiedenen Jahrhunderten den Menschen geoffenbart hat, das haben *Menschen* für ihre Nachkommen aufgeschrieben.

Und zwar Menschen *der jeweiligen Zeit*, mit den *Kenntnissen* und dem *Wissensstand ihrer Zeit*!

Daher folgt, daß die Bibel natürlich nicht die Kenntnisse der heutigen Naturwissenschaft besitzen kann, wenn sie bereits vor zwei und drei Jahrtausenden verfaßt wurde!

Wir müssen das ganz klar sehen: Die Bibel ist kein *naturwissenschaftliches Buch* und schon gar nicht ein naturwissenschaftliches Buch des 20. Jahrhunderts! Sie ist auch kein Geschichtsbuch im Sinne der modernen Geschichtsschreibung, sondern sie enthält Aufzeichnungen vom *Handeln Gottes an den Menschen*.

Worauf kommt es an?

Die wichtige Frage für unser Bibelverständnis zu diesem Punkt lautet: Worauf kommt es denn an?

Was will die Bibel sein?

Sie will Gottes Handeln an den Menschen zeigen.

Sie will von Gottes Taten und Gottes Willen berichten.

Daher ist sie in allen ihren *Aussagen über Gott*, die unser Heil betreffen, wahr und *vom Heiligen Geist inspiriert*:
»Das von Gott Geoffenbarte, das in der Heiligen Schrift enthalten ist und vorliegt, ist *unter dem Anhauch des Heiligen Geistes aufgezeichnet* worden; denn aufgrund apostolischen Glaubens gelten unserer heiligen Mutter, der Kirche, die Bücher des Alten

wie des Neuen Testamentes in ihrer Ganzeit mit allen ihren Teilen als heilig und kanonisch, weil sie, *unter der Einwirkung des Heiligen Geistes* geschrieben (vgl. Joh 20,31; 2 Tim 3,16; 2 Petr 1,19–21; 3,15–16) *Gott zum Urheber haben*« (K-Offb 11).

Wahrhaftig und ohne Irrtum

Der Konzilstext fährt im nächsten Absatz fort:
»Da also alles, was die inspirierten Verfasser oder Hagiographen aussagen, als vom Heiligen Geist ausgesagt zu gelten hat, ist von den Büchern der Schrift zu bekennen, daß sie sicher, getreu und ohne Irrtum *die Wahrheit lehren, die Gott um unseres Heiles willen* in heiligen Schriften aufgezeichnet haben wollte« (K-Offb 11).

Das aber heißt klar und deutlich:
In den *Aussagen über Gott, über Gottes Handeln* und *Gottes Willen* ist die Bibel *wahrhaftig und zuverlässig*.

Das Konzil bestätigt auch die Aussagen des 2. Timotheus-Briefes, indem es das folgende Zitat im Konzilstext wiederholt:
»Alles, was in den heiligen Schriften steht, ist von *Gottes Geist eingegeben* und verhilft dazu, *den Willen Gottes zu erkennen, die eigene Schuld einzusehen, sich Gott wieder zuzuwenden* und *ein Leben zu führen, das ihm gefällt*« (2 Tim 3,16f – K-Offb 11).

Wichtig für uns bei dieser Aussage ist auch, daß hier unter den »heiligen Schriften« die *Bücher des Alten Testaments* zu verstehen sind!
Denn zur Zeit der Abfassung des Timotheus-Briefes gab es noch kein Neues Testament!

Vom Heiligen Geist inspiriert

– das ist der zweite wesentliche Grundsatz für unser Bibelverständnis, dem wir gleich den dritten zufügen wollen:

Von menschlichem Geist mitbeeinflußt.

Gott hat sich zur Niederschrift – oder auch zur Verkündigung – der *Menschen* und *menschlicher Worte* bedient!
Selbst Jesus hat in der Sprache und in den Begriffen *seiner Zeit* gelehrt!

Wenn zum Beispiel beim Vater-unser-Gebet vom Vater »im Himmel« (Mt 6,9) die Rede ist, dann war das *zur damaligen Zeit* die feste Überzeugung – und *der damalige Wissens-Stand* –, daß Gott »im Himmel«, »über den Sternen«, sei.
Wir singen und beten ja auch heute noch das aus früherer Zeit übernommene Lied »Ehre sei Gott in der Höhe«, obwohl wir wissen und daran glauben, daß Gott überall ist, auch in uns und um uns.

Wo also die Bibel *symbolisch* spricht (Beispiel: Himmel) oder zeitgenössische *naturwissenschaftliche* Erkenntnisse benutzt, muß ich immer wissen, daß ich diese Aussagen *den heutigen Erkenntnissen gemäß* umsetzen muß und nicht wörtlich verstehen darf.

Die Schöpfungsgeschichte

Unter diesem Gesichtspunkt muß ich zum Beispiel auch die Schöpfungsgeschichte im Alten Testament lesen. Zu der Zeit ihrer Niederschrift hatten die Menschen andere naturwissenschaftliche Erkenntnisse als wir.
Augustinus hat hierzu einmal – sinngemäß – eine gute Antwort

gegeben: »Gott will uns in der Bibel nicht sagen, wie es im Himmel aussieht, sondern wie man in den Himmel hineinkommt.«
Sinn der Schöpfungserzählungen ist der Grundgedanke, daß die Welt sich *einem Gott und seinem Willen* verdankt und daß die Welt *zum Wohl und Heil des Menschen* geschaffen wurde und nicht zur Willkür Gottes oder irgendwelcher Götter.

Die Bibel will kein Geschichtsbuch sein

und keinen historischen Tatsachenbericht liefern! Das ist ein weiterer wichtiger Grundsatz, den wir für unser Bibelverständnis kennen müssen.

Ob zum Beispiel Jesus am Tag vor dem Fest gestorben ist, wie es uns die drei Synoptiker (Matthäus, Markus und Lukas) überliefern, oder am Festtag selbst, wie es Johannes vermuten läßt, ist für die zu überliefernde Botschaft vom Tod Jesu Christi nicht von Bedeutung.

Der Bibel und ihren Verfassern geht es in erster Linie um die *Heilsbotschaft Gottes* und nicht um eine historische Geschichte Israels. Soweit zum Beispiel in den geschichtlichen Büchern der Bibel auch eine Geschichtsdarstellung Israels gegeben wird, geht es dabei um eine *theologische Deutung* der Geschichte Israels aus der Sicht des *Bundesgedankens mit Gott,* der seinem Volk immer wieder Weisung und Hilfe, Segen (für Gehorsam) und Strafen (für Ungehorsam) zukommen läßt.

Aus dem gleichen Grund finden wir auch *bei keinem* der Evangelisten eine genaue Beschreibung des Lebensablaufs von Jesus. Wir wissen nicht einmal genau, ob sein öffentliches Wirken drei oder vielleicht nur weniger als zwei Jahre gedauert hat.

Die Evangelisten lassen uns hierüber im Ungewissen, weil sie nicht als Historiker eine Biographie oder ein Geschichtsbuch schreiben, sondern berichten wollten, *»daß Gott diesen Jesus, den ihr gekreuzigt habt, zum Herrn und Retter der Welt gemacht hat«* (Apg 2,36).

Das ist der Kern der ganzen Botschaft der Bibel:

Gott liebt die Menschen.
»So sehr hat Gott die Welt geliebt, daß er seinen eingeborenen Sohn dahingegeben hat« (Joh 3,16).

Das Alte Testament ist das literarische Glaubens-Zeugnis von der *Geschichte Gottes mit seinem Volk* und für uns Christen die *Hinführung und Vorbereitung auf Jesus, den Messias.*
Das Neue Testament selbst kann ich nur verstehen im Hinblick auf den Tod und *die Auferstehung Jesu.*

Daran aber kann ich nur glauben. Denn es gibt zwar glaubwürdige Zeugen für die Erscheinungen des auferstandenen Jesus. Aber *beweisen* im Sinn von vorliegenden Materialien kann ich Jesu Auferstehung nicht.

So erschließt sich letzten Endes die Bibel auch nur dem, der sich ihr im Glauben aussetzt und sich vom Heiligen Geist, dem wahren Erklärer des Wortes Gottes, in ihre Wahrheit einführen läßt:
»Der Heilige Geist allein kann uns in das Verständnis des Geheimnisses der Erlösung und in die Fülle der Wahrheit einführen« (Kardinal Suenens).

Den Zusammenhang sehen

Was für alle menschlichen Aussagen gilt, ist auch einer der wichtigsten Grundsätze für das richtige Verstehen der Bibel: *Ich darf einzelne Sätze nicht aus dem Zusammenhang reißen!*

Wieviele Mißverständnisse und Irrtümer geschehen seit Jahrhunderten und täglich immer wieder neu, weil Sätze oder menschliche Reaktionen vereinzelt dargestellt und ohne den dazu gehörenden Zusammenhang gesehen werden.
Lassen Sie mich Ihnen einige Beispiele geben: Da verschickte ein Parteivorsitzender in der Bundesrepublik Deutschland einen Brief an seine Bundestagsabgeordneten und prompt reagierten zwei der größten und angesehensten deutschen Zeitungen mit völlig gegensätzlichen Schlagzeilen!
Beiden Nachrichten lag der gleiche Brief zugrunde. Aber jeder der beteiligten Redakteure hatte *einen anderen Satz aus dem Gesamtinhalt gelöst* und für sich als wichtigste Meldung bewertet.

So können Sie praktisch aus jedem Buch – auch aus diesem – einzelne Sätze herausnehmen, die als allein stehende Aussagen einen völlig falschen Sinn ergeben. Die plötzlich etwas ganz anderes bedeuten, als der Verfasser eigentlich sagen wollte und auch gesagt hat!

Jedes Wort aber, jede Äußerung von Menschen, *gehört jeweils in ein bestimmtes Umfeld*!
Der Aufruf »Bitte, durchgehen!« kann im Gefängnis eine Aufforderung zur Flucht bedeuten. In der Straßenbahn will der Schaffner mit dem gleichen Wort nur aussagen, daß man nach vorne gehen soll.
»Schlag zu« kann heißen: Eine Türe zuschlagen; ein Buch zuschlagen; bei einer Schlägerei oder bei einem Ballspiel zuschlagen.

Das gleiche Wort, die gleiche Äußerung hat also – *je nach Situation und Zusammenhang – eine andere Bedeutung!*

ist daher eine der *wichtigsten* und berechtigsten Forderungen aller Bibel-Theologen! (Kontext = »Mit-Text«; Text, der dazu gehört; Umfeld; Zusammenhang.)
Aus dem Zusammenhang heraus gerissen wird jedes Wort mehrdeutig verwendbar!
Das gilt auch – und im besonderen – für das richtige Verständnis der Bibel! Hier wird mit falschen Auslegungen sehr oft gegen den Geist der Bibel verstoßen.

Als Jesus bei Maria und Marta einkehrte, da »setzte sich Maria vor den Herrn nieder und hörte ihm zu. Marta dagegen hatte alle Hände voll zu tun, um ihn zu bedienen. Sie trat zu Jesus und sagte: ›Herr, kümmert es dich nicht, daß mich meine Schwester die ganze Arbeit allein tun läßt? Sag ihr doch, daß sie mir helfen soll!‹ Der Herr antwortete ihr: ›Marta, Marta, du sorgst und mühst dich um so viele Dinge, aber nur eines ist notwendig. Maria hat das Bessere gewählt‹« (Lk 10,39–42).
Wer nun daraus ableiten will, daß das Arbeiten nicht wichtig und *nur* das Zuhören und das Beten wichtig seien, der legt diese Stelle einseitig und falsch aus.
Jesus und auch Paulus haben immer die Arbeit für wichtig gehalten: »Wer arbeitet, hat ein Anrecht auf seinen Lebensunterhalt« (Mt 1,10).
»Ich habe euch ausdrücklich gesagt: Wer nicht arbeiten will, soll auch nicht essen« (2 Thess 3,10).

Jesus war ja nicht lebensfremd. Was er mit seinen Worten bei Marta und Maria ausdrücken wollte:
Kümmere dich nicht nur um deine Arbeit. Es gibt darüber hinaus wichtigere Dinge. Jesus will nicht, daß wir für ihn nur rastlos tätig sind wie Marta. Viel wichtiger ist es ihm, daß wir zuallererst – und immer wieder – auf ihn hören und seine Worte in uns aufnehmen. All unser Arbeiten ist umsonst, wenn es nicht in Verbundenheit mit ihm geschieht (vgl. Joh 15,4ff).

Falsche Auslegung

Ein Beispiel für ein oft falsch angewendetes Bibelwort ist Lukas 12,12: »Der Heilige Geist wird euch eingeben, was ihr sagen sollt.« Ähnlich falsch ausgelegt wird das Psalmwort: »Seinen Freunden gibt Gott alles im Schlaf!« (Ps 127,2).

Da kommt ein Tagungsleiter zu einem großen Treffen völlig unvorbereitet, stellt sich vor die aus allen Richtungen angereisten Teilnehmer und entschuldigt sich, daß er so viel zu tun und deshalb für die Vorbereitung des Treffens keine Zeit gehabt hätte. »Aber schauen wir doch einmal, was der Heilige Geist uns eingibt«, und er bezieht sich dabei auf diese Bibelzitate.
Ergebnis: Der Nachmittag wird zu einer großen Enttäuschung, und die Teilnehmer gehen – statt neu gestärkt – verbittert und verärgert nach Hause, daß sie »dafür« ihre Zeit geopfert und eine größere Anfahrt auf sich genommen haben.

Auf einem Jugendtreffen macht mir ein engagierter junger Christ, dem die Bibel zu seinem Lieblingsbuch geworden ist, doch tatsächlich Vorhaltungen über meinen »Unglauben«, mein »mangelndes Gottvertrauen« und mein »Nicht-unter-Gottes-Geist-stellen«. Denn wenn ich mich wirklich dem Heiligen Geist anvertrauen würde, dann »dürfte ich für meinen Vortrag *kein Manuskript verwenden*, sondern müßte stets nur das sagen, was der Heilige Geist mir im jeweiligen Moment eingeben würde!«

Was wird in beiden Beispielen falsch gesehen, beziehungsweise falsch ausgelegt?

Das Bibelwort bei Lukas 12,12 steht in einem ganz bestimmten Zusammenhang! Voraus gehen diesem zitierten Satz von Jesus nämlich die Worte:
»*Wenn sie euch vor die Synagogengerichte schleppen* und vor andere Richter und Machthaber, *dann* macht euch keine Sorgen darüber, wie ihr euch *verteidigen* oder was ihr sagen sollt. Denn

der Heilige Geist wird euch in dem Augenblick eingeben, was ihr sagen sollt« (Lk 12,12f).

Im *Zusammenhang* gelesen, wird die Bedeutung der Hilfe des Heiligen Geistes in diesem Fall ganz klar:
Wenn ich wegen meines Glaubens vor ein Gericht geschleppt werde, *dann* brauche ich mir keine Sorgen um meine Verteidigung zu machen! Der Heilige Geist wird mir im rechten Moment die richtigen Worte eingeben!

Nirgendwo aber steht etwas, daß der Heilige Geist meine Faulheit oder meine Bequemlichkeit unterstützen würde, wenn ich mich nicht vorbereitet habe!

Zu dem Argument des Jugendlichen: Natürlich wirkt der Heilige Geist in uns, wenn wir uns ihm öffnen. Aber Gott hat uns menschliche Fähigkeiten gegeben, die wir zunächst einsetzen müssen! Der Heilige Geist wirkt ja gerade durch unsere Fähigkeiten! Und er wird sicher *bei der Vorbereitung* eines Vortrags – also auch bei der Erstellung eines Rede-Manuskripts – mit seiner Hilfe anwesend sein, wenn ich ihn mit Vertrauen darum bitte!

»Den Seinen gibt es der Herr im Schlaf«

Wie sieht es mit diesem Psalmwort aus?
Hier spricht der Psalmist im Eingangsvers (127,1) deutlich davon, daß »der Herr selbst das Haus bauen muß, sonst arbeiten die Bauleute vergeblich.«

»Der Herr selbst muß die Stadt beschützen,
sonst ist jede Wache umsonst.
Was könnt ihr denn *ohne den Herrn* erreichen?
In der Frühe steht ihr auf
und arbeitet bis tief in die Nacht;

mit viel Mühe bringt ihr zusammen,
was ihr zum Leben braucht.
Seinen Freunden gibt Gott alles im Schlaf!« (Ps 127,1f).

Hier ist *nicht* von *keiner* Arbeit, sondern von *viel* Arbeit die Rede! Und die ganze Betonung liegt darauf, daß wir *ohne den Herrn vergeblich* arbeiten!

Vergeblich ist die Arbeit der Bauleute, vergeblich ist die Wache in der Nacht, vergeblich ist alle Arbeit von früh am Morgen bis spät in die Nacht, wenn ihr es *ohne den Herrn* erreichen wollt. Mit viel Mühe bringt ihr gerade zusammen, was ihr zum Leben braucht. *Mit dem Herrn* aber, wenn ihr Gott in euer Leben einbezieht, wenn ihr mit Gott baut, arbeitet, dann läßt euch Gott alles im Schlaf zufallen.

Wer auf den Herrn vertraut, muß nicht »bis tief in die Nacht« hinein arbeiten und braucht weniger Angst und Sorge zu haben, denn der Herr sorgt mit!
Das ist der Sinn des Psalmwortes, den ich dann leicht verstehen kann, wenn ich den *Zusammenhang betrachte*, wenn ich das Umfeld, die Texte vor und nach dem Zitat, einbeziehe!

Auf was es ankommt: *Ich kann nicht ein beliebiges Wort aus dem Zusammenhang lösen und damit Bibellehre betreiben!*

»Alles ist sinnlos«

Aus dem Zusammenhang gerissen, könnte ich mit Bibelzitaten sogar die negativste Lebenseinstellung begründen. »Alles ist sinnlos« steht bei Kohelet (2,11), und mit der Bibel könnte ich zur Unterstützung meiner negativen Lebenseinstellung fortfahren: »Man kann tun, was man will auf dieser Erde – es ist doch alles sinnlos und führt zu nichts« (Koh 2,17).

Wenn ich aber genauer hinschaue, dann sehe ich, daß diese Worte in einer großen Einleitung zur Frage nach dem Sinn des Lebens stehen und daß Kohelet, der Prediger, mit seinen aufrüttelnden Worten nur zu dem Ziel seiner Ausführungen hinführen will:
»Jetzt aber habe ich erkannt: Alles, was Gott tut, geschieht nach einem ewigen Gesetz. Der Mensch kann nichts hinzufügen und nichts davon wegnehmen. Er kann nur Gott für sein unbegreifliches Tun verehren; das ist es, was Gott von ihm will« (Koh 3,14).

Oder im Buch der Weisheit finden wir die verblüffende Aussage:
»Wer die Macht hat, bestimmt was recht ist. So halten wir es! Was schwach ist, hat keinen Wert« (Weish 2,11).

Vertritt also die Bibel eine Machtpolitik, wie wir sie bisher nur von Diktaturen kennen?
Diese Aussage steht in einem Kapitel, das von der *Verblendung des Menschen* erzählt, über die die Bibel am Ende des Kapitels sagt:
»So reden sie, aber sie täuschen sich! Ihre Verdorbenheit macht sie blind. Sie wissen nichts von Gottes geheimen Absichten« (Weish 2,21).

So können Aussagen aus der Bibel mißverständlich ausgelegt werden, wenn sie aus dem Zusammenhang gerissen werden.
Ich muß auf den Geist der Bibel achten und auf das ganze Umfeld der biblischen Erzählungen und Berichte, wenn ich die Bibel richtig verstehen will.

Der Mißbrauch der Bergpredigt

Ein typisches Beispiel für eine falsche Auslegung von Bibelzitaten, ja für den Mißbrauch der Bibel, bilden immer wieder gerne benutzte Zitate aus der Bergpredigt (Mt 5–7).
(In diesem Fall sind keine Verszahlen angegeben, also bedeutet die Abkürzung: 5.–7. Kapitel!)

Mit aus der Bergpredigt herausgerissenen Zitaten wirbt man zum Beispiel für Gewaltlosigkeit – und schmeißt im nächsten Augenblick Fensterscheiben ein ...

Abgesehen davon, daß ich mich zuerst einmal selbst an das halten muß, was ich anderen predigen will, kann ich auch kein Bibelwort gerade so auslegen, wie es mir paßt. Auch Fenstereinschlagen und Eigentumwegnahme gehören zu den Gewalttaten!

Das in der letzten Zeit oft zitierte Wort von Mt 5,5 »Selig, die keine Gewalt anwenden« geht in seiner griechischen Bedeutung auf das Wort »Sanftmut« zurück. So übersetzten auch die früheren Bibelausgaben, wie zum Beispiel die Jerusalemer Bibel und die Luther-Bibel, diesen Vers mit »Selig die Sanftmütigen«. Gemeint ist hier der Gegensatz von Zorn, Gereiztheit, Bitterkeit, Böse sein.
Weder aus diesem Vers noch aus dem Vers 9 »Selig, die Frieden *stiften*« kann ich aber jemals ableiten, daß ich gegenüber einem Einbrecher wehrlos, gegenüber einem Vergewaltiger hilflos und gegenüber einem Überfall tatenlos bleiben soll!

Wo Menschen oder Regierungen diese wahre Gerechtigkeit nicht üben, wo sie nur auf die Einfalt, die Schwäche und die Wehrlosigkeit anderer spekulieren, da *darf* und *muß* ich mich auch *mit allem Nachdruck* zur Wehr setzen!

Die Bibel gibt Freiheit

In allen menschlichen Bereichen gibt uns Gott – und damit natürlich auch die Bibel – im Rahmen seiner Weisungen jegliche Freiheit, unseren eigenen menschlichen Verstand und unsere eigenen Fähigkeiten einzusetzen!

Die Bibel zeigt die *Richtung* unseres Lebens auf, die wir nehmen sollen und müssen, wenn unser Leben glücklich und erfüllt sein soll: Hin zu Gott und nicht weg von Gott.

Sie gibt uns *Hilfen* und *Hinweise*, wie wir unser Leben immer besser auf Gott ausrichten können. Wie wir Gott immer näher kommen können.

Wie wir aber unser Leben im Alltag, bei der Arbeit und in der Freizeit gestalten und einrichten, darin läßt uns Gott und die Bibel alle Freiheit – unter Einhaltung seiner Weisungen.

Gott hat uns Menschen ja nicht als Roboter gebaut, die nach einem eingegebenen Programm ihren Tagesablauf vollführen müssen.

Gott hat uns Menschen nicht als Marionetten geschaffen, sondern uns volle Freiheit geschenkt!

Freiheit zu eigener Entscheidung.

Freiheit zur persönlichen Entfaltung.

Freiheit zur Ausschöpfung aller unserer Fähigkeiten!

Dem Menschen überlassen

So bleiben viele Entscheidungen uns Menschen, unserem Verstand und unserem menschlichen Geist überlassen: Ob ich als Zivildienstleistender Menschen in Not helfe oder als Soldat meine Heimat und meine Angehörigen verteidige, darüber kann ich eine ganz persönliche Meinung haben und meine eigene Entscheidung treffen.

Ob ich besser mit einer Nachrüstung oder mit weiteren Vorleistungen den Frieden sichere, darüber kann und muß ich nachdenken und diskutieren. Aber ich darf nicht für meine Entscheidung einseitige Zitate aus der Bibel benutzen und dabei den Geist der Bibel mißachten.
Denn wie vom Frieden, so spricht Jesus auch vom Schwert und vom Streit:
»Wer nichts hat als seinen Mantel, soll ihn verkaufen und sich ein Schwert dafür beschaffen!« (Lk 22,36).
»Glaubt nicht, daß ich gekommen bin, Frieden in die Welt zu bringen. Nein, ich bin nicht gekommen, Frieden zu bringen, sondern Streit« (Mt 10,34).

Es kommt immer auf die jeweilige Situation an, in der ein Wort gesagt ist.

Der Geist der Bibel

Das Konzil sagt dazu, daß die Heilige Schrift »*in dem Geist* gelesen und ausgelegt werden muß, *in dem sie geschrieben wurde.*« »Die rechte Ermittlung des Sinnes der heiligen Texte erfordert, daß man mit nicht geringerer Sorgfalt auf den Inhalt und *die Einheit der ganzen Schrift* achtet« (K-Offb 12).

Aus dem Zusammenhang gelöst, wirken manche Texte in der

Bibel paradox. Kardinal Suenens spricht von »Ergänzungsaspekten des Evangeliums«, und er sagt dazu: »Ein Diamant hat zahlreiche Facetten, welche die Sonne abwechselnd aufleuchten lassen.« Indem er Paul Claudel zitiert – »Ich liebe die Dinge, die miteinander existieren« –, fügt der Kardinal hinzu:
»Jede Einseitigkeit ist gefährlich.«

Im gleichen Buch (Erneuerung und die Mächte der Finsternis) schreibt Kardinal Suenens: »Jesus selbst hat keine starre, stets gleiche Methode ... Während seines öffentlichen Wirkens hat er sehr verschieden reagiert ... Um einen Text zu verstehen, muß man ihn in seinen *vollen und lebendigen Zusammenhang* stellen.« So weit der große Kardinal, einer der vier Moderatoren des letzten Konzils.

Ohne sorgfältige Beachtung des gesamten Textes ist ein einzelnes Wort oft großen Mißverständnissen ausgesetzt. Deshalb betone ich auch so sehr das kursorische Lesen.

Der bekannte Neutestamentler Professor Gerhard Lohfink sagt in seinem Buch »Jetzt verstehe ich die Bibel« hierzu: »Das beste Gespür ... erhält man einfach dadurch, daß man immer wieder kontinuierlich in der Bibel liest ... Nichts schärft so den Blick und nichts ist so unersetzbar, wie häufiges regelmäßiges Lesen.«

Situationsbewußt lesen

Jedes Wort der Heiligen Schrift gilt stets für *eine bestimmte Situation* und ist aus *einem bestimmten* Anliegen heraus – in einer bestimmten Absicht – gesagt!

Ich kann und darf nicht ein einzelnes Wort beliebig auf jede von mir gewählte Situation anwenden!

Es ist doch nicht ausschlaggebend, ob und wie ein Wort in mein

Denken hineinpaßt. Wenn ich ein Bibelwort richtig auslegen und verstehen will, muß ich immer fragen und den dazugehörenden Text daraufhin genau studieren:

In welcher Situation ist dieser Text gesagt?

Mit welcher Absicht ist ein Wort ausgesprochen worden?

Ich muß mich *in die Situation* und *in die Menschen*, in ihre *Zeit* und in ihre *Ausgangslage* hineinversetzen!

Ich muß situationsbewußt lesen und hören lernen.

Aus der Bibel lernen

Die Bibel gibt Antwort in verschiedener Form. Wenn ich auf eine *bestimmte* Frage eine Antwort suche, muß ich auch die *meiner Ausgangslage entsprechende Situation* in der Bibel suchen!

Viele, ja die meisten Worte aber entsprechen nicht unmittelbar übereinstimmend meiner Situation. Aus allen diesen kann ich jedoch auch für mein Leben lernen, wenn ich mir die folgenden Fragen im Gebet vorlege:

Was sagt mir dieser Text über Gott?

Was sagt mir dieser Text über die Menschen?

Was sagt mir dieser Text zu anderen wichtigen Themen?

Was sagt mir dieser Text über mein eigenes Verhalten?

Die Bedeutung kennen

Je mehr ich *einzelne* Worte der Bibel auslegen und gebrauchen will, um so mehr muß ich mich mit den Details beschäftigen!

Ich muß *die Zeit* berücksichtigen: In welcher Zeit wurde ein Bibelwort gesagt? Welche Bedeutung hatte dieses Wort *zu seiner Zeit*? Was war seine *damalige Bedeutung*?

Wir wissen ja, wie sich alles in unserer Welt weiterentwickelt, wie alles im Wandel begriffen ist. Auch unsere Sprache verändert sich. Am Begriff des Wortes »Pharisäer« haben wir das schon gesehen.

Wenn ich zum Beispiel das 5. Gebot in der Bibel »Du sollst nicht töten« öffentlich auslegen will, dann muß ich dazu wissen, daß in der hebräischen Urfassung für »töten« das Wort »rasach« gebraucht wird.
Dieses hebräische Wort »rasach« steht aber ausschließlich nur für das *Morden im privaten Bereich* und ich kann dieses Wort nicht als Zitat gegen die Todesstrafe des Staates benutzen!
Auch Israel kannte die Todesstrafe. Auch Israel mußte Kriege führen – manche sogar auf ausdrückliche Weisung Gottes hin!

Oder betrachten wir das Wort vom Kamel, das eher durch ein Nadelöhr geht, als ein Reicher in das Himmelreich kommt:
»Ich sage es euch noch einmal: Eher kommt ein Kamel durch ein Nadelöhr, als ein Reicher in Gottes neue Welt« (Mt 19,24).

Hierzu gibt es verschiedenes zu sagen: Jesus hat immer sehr plastische, *leicht vorstellbare Beispiele* und Gleichnisse gebraucht. Sie waren alle *der damaligen Zeit* entnommen und den Zuhörern *daher besonders leicht verständlich*.
Als »Nadelöhr« aber war zur Zeit Jesu – das sagt eine Deutung dieses provozierenden Jesus-Wortes – die kleine Eingangspforte am Stadttor bezeichnet, die nachts von der Wache benutzt wurde, wenn das große Stadttor geschlossen war.

Doch das »Nadelöhr« muß sehr klein gewesen sein. Denn die Jünger sind »entsetzt und fragten: ›Wer kann dann überhaupt gerettet werden?‹« (Mt 19,25).

Eine andere Deutung sagt, daß es sich dabei um ein Sprichwort der damaligen Zeit gehandelt habe, wobei man unter »Kamel« einen dicken Strick oder ein Tau verstanden habe, das natürlich niemals durch das Öhr einer Nadel gegangen wäre.

Gerade dieses Beispiel gibt uns Trost: *Im Glauben* kann ich viele Gleichnisse und Beispiele der Bibel *verstehen* und für *mein persönliches Leben* anwenden, auch wenn ich einzelne Hintergründe oder eine sprachliche Bedeutung nicht genau kenne.
Denn ob ich unter Nadelöhr die kleine Pforte am Stadttor verstehe oder das Öhr an einer Nähnadel, bleibt für mein Verständnis im Glauben gleich: Beides können Menschen nicht vollbringen. »Aber für Gott ist nichts unmöglich« (Mt 19,26).
Ich muß mich dann nur davor hüten, *allgemeine* Regeln und Gesetze aus einem einzelnen Zitat herauslesen zu wollen. Das kann und darf ich nicht!

Das ähnliche gilt ja auch für das erste Beispiel »Du sollst nicht töten«. Für meine persönliche, private Anwendung genügt es – und ich mache nichts falsch –, wenn ich mich wörtlich an dieses Gebot halte. Nur dann, wenn ich es für eine Aktion in einer bestimmten Richtung gebrauchen will, muß ich mich vorher vergewissern, ob das Zitat auch mit dieser Auslegung übereinstimmt.

Genau lesen

Viele Bibel-Aussagen werden falsch gedeutet, weil wir zu *oberflächlich* den Text betrachten.
Vor allem, wenn wir ein Wort finden, das auf den ersten Blick gesehen in unsere Vorstellungswelt und in unser Meinungs-Schema paßt, dann vereinnahmen wir es für uns und benutzen es als Untermauerung unserer eigenen Thesen. (Worte, die uns nicht passen, übersehen wir leicht und gern!)

Wenn ich richtig verstehen will, was ein einzelnes Bibelwort mir sagen will, dann muß ich *genau* hinschauen und immer wieder neu hinhören.
Vor allem muß ich *auf jedes einzelne Wort*, auch auf kleine, unscheinbare Beiwörter, achten.

Wenn man an Nachfolge Jesu denkt, kommt meistens das inzwischen schon berühmt gewordene Wort vom Kreuztragen in den Sinn und zwar in einer falschen Weise:
Nachfolge Jesu sei, *Leid* auf sich nehmen, *Krankheiten* ertragen und vieles andere mehr.

Das hat Jesus überhaupt nicht gesagt! Es gibt *keine einzige* Stelle im Neuen Testament, wo Jesus einmal davon gesprochen hätte, daß wir Krankheiten seinetwegen auf uns nehmen müßten.
Wie heißt das so oft falsch verstandene Wort genau? Schauen wir einmal die Stelle bei Lk 9,23 in vier verschiedenen Übersetzungen vergleichsweise an:

Einheitsübersetzung: »Wer mein Jünger sein will, der verleugne sich selbst, nehme täglich sein Kreuz auf sich und folge mir nach.«

Lutherbibel: »Wer mir folgen will, der verleugne sich selbst und nehme sein Kreuz auf sich täglich und folge mir nach.«

Jerusalemer Bibel: »Wenn einer mir nachfolgen will, so verleugne er sich selbst und nehme täglich sein Kreuz auf sich und folge mir nach.«

Die Gute Nachricht: »Wer mit mir gehen will, der muß sich und seine Wünsche aufgeben. Er muß Tag für Tag sein Kreuz auf sich nehmen und mir auf meinem Weg folgen.«

Wenn wir uns diese Aussagen Jesu näher ansehen, so fällt auf, daß Jesus niemals sagt, »der nehme *m*ein Kreuz (also Jesu Kreuz) auf sich«, sondern er spricht sehr deutlich von »*s*ein Kreuz«, (also mein eigenes Kreuz).
Was Jesus unter *unserem* Kreuz versteht, das läßt er klar erkennen durch zwei Bemerkungen: »*Der verleugne sich selbst.*« Er nehme »*täglich*« sein Kreuz auf sich.
Hier geht es also um unsere täglichen kleinen und großen Kreuze, die wir alle zu tragen haben. Das *kann* auch einmal eine Krankheit, ein Leiden oder ein Gebrechen sein. Es *muß* es aber nicht sein. Vielmehr verweist der *meistens nicht beachtete* Nebensatz – »der verleugne sich selbst« – deutlich darauf hin, daß es hier *um die Zurückstellung* unserer eigenen *Vorstellungen* und *Wünsche* geht. Daß wir unsere täglichen kleinen und großen Schwierigkeiten und Probleme annehmen, tragen und nicht abweisen sollen! Daß wir unser eigenes Ego, unseren Egoismus, täglich am Kreuz sterben lassen sollen.

Auf jedes Wort achten

Immer wieder kommt es darauf an, beim Lesen der Heiligen Schrift auf jedes einzelne Wort genau zu achten! Lassen Sie mich eine weitere Aussage Jesu hier zitieren:
»Wer mich liebt, der wird sich nach meinem Wort richten; dann wird ihn auch mein Vater lieben, und wir werden zu ihm kommen und bei ihm wohnen« (Joh 14,23).

Wenn wir die Heilige Schrift *genau* lesen, fällt uns auf, daß es nicht heißt, »wer mich liebt, den wird auch mein Vater lieben ...«
Jesus setzt eine Vorbedingung. Jesus zeigt, wie wirkliche Liebe zu ihm in Wahrheit aussieht:
Liebe zu Jesus besteht ganz konkret im Gehorsam gegenüber seinem Wort!

»Wer mich liebt, der wird sich nach meinem Wort richten.«

Nicht also mit irgendwelchen Gefühlsduseleien oder mit unverbindlichen, leicht dahin gesprochenen Gebeten können wir Jesus beeindrucken und lieben: Erst wenn wir uns auch *nach seinem Wort richten*, wenn wir Jesus auch gehorsam sind, dann lieben wir ihn wirklich! Und dann verspricht er uns die großartige Verheißung:
»Wir werden zu ihm kommen, und wir werden bei ihm wohnen.«

Jesus sagt ausdrücklich, »der wird sich nach meinem *Wort* richten.« Er sagt nicht, der wird sich nach meinem *Leben*, oder nach meinem *Vorbild* richten. Jesus spricht von seinem *Wort*!

Jesus geht es um den *Gehorsam gegenüber dem Vater* und nicht darum, daß wir ihn in allen Punkten sklavisch nachahmen!
Wir sollen unser eigenes Leben leben. Dort, an dem Platz, wo er uns hingestellt, den er für uns bestimmt hat.

In allem den Willen des Vaters tun, das war die große Botschaft Jesu:
»Ich bin vom Himmel gekommen, nicht um zu tun, was ich will, sondern um zu tun, was der will, der mich gesandt hat« (Joh 6,38).

»Meine Nahrung ist, daß ich dem gehorche, der mich gesandt hat« (Joh 4,34).

Das ist die Nachfolge, die Jesus wünscht: Ihm nachfolgen *im Gehorsam gegenüber Gott* und dessen Willen! Dazu verheißt Jesus auch uns:

»*Dann werden alle, die Gott gehorcht haben*, in der neuen Welt Gottes, ihres Vaters, *so hell strahlen wie die Sonne*« (Mt 13,43).

Mitten in der Nacht

Als die Engel den Hirten auf dem Feld die gute Nachricht von der Geburt des Erlösers verkündeten, da heißt es bei Lk 2,8:
»Sie waren *in der Nacht* auf dem Feld«, als ein Engel des Herrn zu ihnen kam. Und als sie die Aufforderung des Engels vernommen hatten – »geht und seht selbst« –, da heißt es in Vers 16: »Sie brachen *sofort* auf.«

Ähnliches wird von Josef berichtet, als ihm ein Engel *in der Nacht* im Traum erschien und ihn aufforderte: »Steh auf, nimm das Kind und seine Mutter und flieh nach Ägypten!« Da heißt es bei Mt 2,14: »Da brach Josef ... *mitten in der Nacht* nach Ägypten auf.«

Wie sieht das in meinem Leben, in meiner Beziehung zu Gott aus?
Wenn ich einen Anruf Gottes in mir spüre, etwas zu tun oder etwas anderes zu unterlassen: Handle ich da auch »*sofort*« wie die Hirten, noch »*mitten in der Nacht*« wie Josef,
Oder überlege ich nicht erst einmal verschiedene Ausreden und Auswege?

»*Sofort*« – noch »*mitten in der Nacht*« – will der Herr meinen Gehorsam!

Solche wichtigen Hinweise erschließen sich mir, wenn ich die Bibel genau und nicht oberflächlich lese!

Alle Sorgen

Nicht nur Mahnung, auch Ermunterung für unser Leben finden wir oft in der Heiligen Schrift:
»Werft alle eure Sorge auf ihn, denn er kümmert sich um euch« übersetzt die Einheits-Übersetzung die schöne Stelle im 1. Petrus-Brief 5,7.

In der »Guten Nachricht« lautet der Text: »Ladet alle euere Sorgen auf ihn ab; denn er sorgt für euch.«

Beide Übersetzungen sprechen gleichlautend davon, daß wir *alle* unsere Sorgen Gott abgeben dürfen! *Alles*, was uns bedrückt. *Alles*, was uns traurig und mutlos macht!

»Gott kümmert sich um euch.«

»Gott sorgt für euch.«

Und Petrus sagt auch sehr deutlich, *wie* wir unsere Sorgen an Gott abgeben sollen.
Nicht ängstlich, vorsichtig, verzagt.

Nein: *Werft* alle eure Sorgen *auf ihn*.
So, wie man einen Ball wegwirft, so sollen wir unsere Sorgen *auf ihn werfen*, so sollen wir uns frei machen, denn »er kümmert sich um uns!«

In ähnlich deutlicher Art übersetzt die »Gute Nachricht« den Originaltext aus dem Griechischen:
»*Ladet* alle euere Sorgen *auf ihn ab*.«
Behaltet nichts für euch. *Ladet* sie *ab*, wie man einen Lastwagen voll Kies oder einen Schubkarren voll Sand ablädt!

So plastisch und deutlich spricht die Bibel zu mir, wenn ich beim *sorgfältigen* Lesen *auf jedes Wort* achte.

Die Gleichnisse Jesu

Jesus war ein Meister des Wortes. In einer klaren, schlichten Sprache hat er es verstanden, den Menschen mit wenigen Worten seine Anliegen deutlich zu machen.
Hierzu benutzte er vor allem Gleichnisse – Bilder, Vergleiche –, mit denen er die Menschen zur Umkehr aufrief und seine Predigten verständlich machte.
Die Gleichnisse Jesu sind dann leicht zu verstehen, wenn ich weiß und mich daran halte, daß Jesus alle seine Vergleiche aus der *nächsten Umgebung seines Landes* und *seiner Zeit* geholt hat.

Oft wird in die Auslegung der Gleichnisse Jesu mehr hineingelegt, als Jesus selbst sagen wollte. Jesus wollte kein großer Philosoph oder wissenschaftlicher Lehrmeister sein. Er wollte die Menschen zu Gott hinführen, ihnen das Wollen und Handeln Gottes klar und verständlich machen. Das war sein großes Anliegen!

Aufrütteln und wach machen

Jesus kannte die Menschen. Er wußte, daß eine Umkehr zu Gott, eine Änderung ihres Lebens nicht allein mit der Verkündigung einer Lehre und sachlichen Informationen über Gott zu erreichen war.
So griff er in seinen Reden und Gleichnissen auch öfters zu *überspitzten Formulierungen*, um seine Zuhörer betroffen und wach zu machen, um sie aufzurütteln und zum Nachdenken zu bringen.

»Hyperbeln« nennt man solche übertreibende Ausdrucksweisen, in denen Jesus durch eine bewußte Überzeichnung die Zuhörer aus ihrer Gleichgültigkeit herausreißen will:

»Wenn dich dein rechtes Auge verführen will, dann reiß es aus und wirf es weg! Es ist besser für dich, du verlierst ein Glied deines Körpers, als daß du ganz in die Hölle geworfen wirst« (Mt 5,29).

»Wer auf seinen Bruder zornig ist, der gehört vor Gericht ... Und wer zu seinem Bruder sagt: ›Geh zum Teufel‹, der verdient, ins Feuer der Hölle geworfen zu werden« (Mt 5,22).

Natürlich darf ich diese Aussagen Jesu nicht wörtlich nehmen, sondern muß den Sinn und die Bedeutung dieser Worte anhand von Jesu Wollen erkennen:
Bevor du ganz in die Hölle kommst, ist es besser, du verlierst ein Glied deines Körpers. Also höre auf damit, mit Teilen deines Körpers zu sündigen.

Die Liebe unter den Menschen ist das wichtigste Gebot ...

Solche provozierenden Worte sind *nie als Glaubenssätze* von Jesus verkündet worden. Jesus will seine Anliegen durch provokative Übertreibungen besonders deutlich machen und dadurch seine Zuhörer in Unruhe versetzen und zur Umkehr führen.

Formen und Gattungen der Bibel

Die Gleichnisse Jesu sind nur ein Beispiel für viele Formen und Gattungen, die in der Bibel vorkommen.
Hatte man früher die Bibel nur in die drei großen Begriffe »Geschichtsbücher«, »Lehrbücher« und »prophetische Bücher« eingeteilt, so unterscheidet man heute eine große Anzahl von Gattungen und Formen:
Gleichnisse, Parabeln, Bildworte, Geschichtsberichte, Lehrerzählungen, Sprichworte, Prophetensprüche, Gesetzessprüche, Weisheitssprüche, Gebete, Reden, Predigten, Ermahnungen, Bekenntnisse, Zeugnisse, Hymnen, Loblieder, Klagelieder, Danklieder und viele andere.

Ihre erste Freude und viel Kraft werden Sie aus der Bibel gewinnen, wenn Sie sich für Ihr Bibelverständnis an die Grundsätze dieses Buches halten, ohne daß Sie die vielen einzelnen Gattungen und Formen der Bibel näher kennen.
Wenn Sie sich aber länger mit der Bibel beschäftigt haben und diese noch besser kennen lernen wollen, dann sollten Sie das schon zitierte Buch von Professor Gerhard Lohfink »Jetzt verstehe ich die Bibel« einmal studieren, in dem er vor allem die Formen und Gattungen der Bibel sehr ausführlich und leicht verständlich erklärt.
Ganz besonders aber möchte ich Ihnen das Werkbuch von Professor Otto Knoch »Wer Ohren hat, der höre« zum lesen empfehlen. Der bekannte Passauer Bibelwissenschaftler bietet in diesem mit 36 Holzschnitten versehenen Buch eine gediegene und leicht verständliche Einführung in jedes einzelne Gleichnis. Vor allem zeigt Professor Knoch, wie die Gleichnisse Jesu auf die heutige Situation des Christen auszulegen sind. Das Buch bietet die derzeit wohl beste Hilfe für das rechte Verstehen der Gleichnisse. (Beide Bücher: Verlag Katholisches Bibelwerk Stuttgart.)

DIE GLIEDERUNG DER BIBEL

Wie schlage ich die Bibel auf?

Wie jedes andere Buch hat auch jede Bibel Seitenzahlen. Da es aber schon bald viele Bibelausgaben gab, die sich durch ihre Schreibweise voneinander unterschieden, hatte man die Heilige Schrift bereits um 1200 in *Kapitel* und 1551 diese Kapitel wiederum in *Verse* aufgeteilt. Dadurch erreichte man eine Einteilung, die für alle Bibelausgaben gleichbleibend ist, so daß man heute jede Bibelstelle knapp und genau bezeichnen kann. Zum Beispiel: »Mt 11,28«.

Zur exakten Bezeichnung gehört neben dem Buch (Mt = Matthäus) die Kapitelzahl (11), die jeweils *vor* dem Komma steht und die Verszahl (28), die jeweils *nach* dem Komma genannt wird.

In der Bibel finden Sie die *Kapitel*zahl jeweils in einer *großen* Ziffer zu Beginn eines jeden neuen Kapitels. Ferner sind die Kapitelzahlen auch am Kopf der jeweiligen Seite – oberhalb des Textes – angegeben. Die *Vers*zahlen finden Sie in kleinen Ziffern direkt *im laufenden Text.*

Um eine Bibelstelle möglichst knapp zitieren zu können, hat man Abkürzungen für die einzelnen biblischen Bücher eingeführt.

Damit Sie diese Abkürzungen leicht und rasch nachschlagen können, führe ich sie hier zunächst in *alphabetischer* Reihenfolge auf, also nicht in der Reihenfolge der Bücher der Bibel. Diese finden Sie einige Seiten später unter der Überschrift »Das Neue Testament auf einen Blick« und »Das Alte Testament auf einen Blick«.

Die Abkürzungen der biblischen Bücher

in *alphabetischer* Reihenfolge:

Am	Das Buch Amos
Apg	Die Apostelgeschichte
Bar	Das Buch Baruch
1 Chr	Das 1. Buch der Chronik
2 Chr	Das 2. Buch der Chronik
Dan	Das Buch Daniel
Dtn	Deuteronomium (Das 5. Buch Mose)
Eph	Der Brief an die Epheser
Esra	Das Buch Esra
Est	Das Buch Ester
Ex	Exodus (Das 2. Buch Mose)
Ez	Das Buch Ezechiel
Gal	Der Brief an die Galater
Gen	Genesis (Das 1. Buch Mose)
Hab	Das Buch Habakuk
Hag	Das Buch Haggai
Hebr	Der Brief an die Hebräer
Hld	Das Hohelied
Hos	Das Buch Hosea
Ijob	Das Buch Ijob (Hiob)
Jak	Der Brief des Jakobus
Jdt	Das Buch Judit
Jer	Das Buch Jeremia
Jes	Das Buch Jesaja
Joël	Das Buch Joël
Joh	Das Evangelium nach Johannes
1 Joh	Der 1. Brief des Johannes
2 Joh	Der 2. Brief des Johannes
3 Joh	Der 3. Brief des Johannes
Jona	Das Buch Jona
Jos	Das Buch Josua
Jud	Der Brief des Judas
Klgl	Die Klagelieder des Jeremia

Koh	Das Buch Kohelet
1 Kön	Das 1. Buch der Könige
2 Kön	Das 2. Buch der Könige
Kol	Der Brief an die Kolosser
1 Kor	Der 1. Brief an die Korinther
2 Kor	Der 2. Brief an die Korinther
Lev	Levitikus (Das 3. Buch Mose)
Lk	Das Evangelium nach Lukas
1 Makk	Das 1. Buch der Makkabäer
2 Makk	Das 2. Buch der Makkabäer
Mal	Das Buch Maleachi
Mi	Das Buch Micha
Mk	Das Evangelium nach Markus
Mt	Das Evangelium nach Matthäus
Nah	Das Buch Nahum
Neh	Das Buch Nehemia
Num	Numeri (Das 4. Buch Mose)
Obd	Das Buch Obadja
Offb	Die Offenbarung des Johannes
1 Petr	Der 1. Brief des Petrus
2 Petr	Der 2. Brief des Petrus
Phil	Der Brief an die Philipper
Phlm	Der Brief an Philemon
Ps	Die Psalmen
Ri	Das Buch der Richter
Röm	Der Brief an die Römer
Rut	Das Buch Rut
Sach	Das Buch Sacharja
1 Sam	Das 1. Buch Samuel
2 Sam	Das 2. Buch Samuel
Sir	Das Buch Jesus Sirach
Spr	Das Buch der Sprichwörter
1 Thess	Der 1. Brief an die Thessalonicher
2 Thess	Der 2. Brief an die Thessalonicher
1 Tim	Der 1. Brief an Timotheus
2 Tim	Der 2. Brief an Timotheus

Tit	Der Brief an Titus
Tob	Das Buch Tobit (Tobias)
Weish	Das Buch der Weisheit
Zef	Das Buch Zefanja

Manche der Ihnen bekannten Bibelnamen finden Sie hier in einer ungewohnten Schreibweise. In dieser Aufstellung – wie auch im ganzen Buch – sind die biblischen Namen und Abkürzungen nach den „Loccumer Richtlinien" zitiert. In dem evangelischen Kloster Loccum in Niedersachsen wurde 1967 von einer Kommission evangelischer und katholischer Bibelgelehrten eine *einheitliche Schreibweise* aller biblischen Eigennamen vorgelegt, die seit ihrer Bestätigung durch die katholische Bischofskonferenz und durch den Rat der Evangelischen Kirche in Deutschland (1970) für beide Konfessionen verbindlich ist.
(1976 erfolgte in Würzburg eine Überarbeitung und Präzisierung, die in diesem Buch berücksichtigt ist.)

Noch einige Ergänzungen

Gegenüber früheren Abkürzungen läßt man heute auch alle unnötigen Punkte weg. Man schreibt nicht mehr »Mt.« sondern »Mt«, nicht mehr »1. Joh.« sondern »1 Joh«, um eben so knapp wie möglich eine Bibelstelle bezeichnen zu können.

Da oft nicht nur einer, sondern mehrere Bibelverse zitiert werden, hat man auch dafür klare Regeln geschaffen:

Mt 11,28 = Matthäus-Evangelium, Kapitel 11, Vers 28.
Mt 11,28f = f bezeichnet *einen* folgenden Vers!

Mt 11,28ff = ff bezeichnet »die *zwei* folgenden« Verse, also: Vers 28 und »die zwei folgenden Verse« 29 und 30.

Will man mehr als »zwei folgende«, insgesamt also mehr als

drei Verse angeben, so muß man dies mit Ziffern benennen: Mt 11,26–30.

Werden mehrere Verse zitiert, die *nicht* unmittelbar hintereinander folgen, so wird jeder Vers eigens angegeben und die verschiedenen Verse werden voneinander durch einen Punkt getrennt: Mt 11,28.30. In diesem Fall ist nur der 28. und der 30. Vers, nicht aber der 29. zitiert!
(Um noch genauer zitieren zu können, fügen Wissenschaftler bei Versteilen manchmal auch noch die Kleinbuchstaben a, b oder c hinzu.)

Wird aus mehreren Kapiteln zitiert, so werden die einzelnen Kapitel voneinander mit Strichpunkten getrennt: Mt 11,28; 12,3; 14,7. (Matthäus Kapitel 11, Vers 28; Kapitel 12, Vers 3; Kapitel 14, Vers 7).

Ein letztes: Ist nur eine einzige Ziffer genannt, so handelt es sich jeweils um eine *Kapitel*zahl: Mt 11 = Matthäus 11. Kapitel.

Eine große Hilfe

zum leichteren und schnelleren Aufschlagen der einzelnen Bibelstellen bietet Ihnen ein Register der biblischen Bücher, das Sie in vielen christlichen Buchhandlungen kaufen können. Es ist leicht in Ihre Bibel einzukleben und Sie haben dann praktisch sofort auf einen Blick das aufzuschlagende Buch vor sich.
Wo sie es nicht bekommen – oder wenn Sie sich den Kauf sparen wollen – können Sie sich auch selbst ein Register herstellen und einkleben.
Sie sollten aber über die Gliederung der Heiligen Schrift selbst einen groben Überblick besitzen, so daß Sie zumindest » die Richtung« kennen, wo Sie ein Buch der Bibel – vorne, in der Mitte oder hinten – finden und aufschlagen können.

Die Gliederung der Bibel

Fangen wir mit dem einfachsten an: Die Bibel beginnt mit dem Alten Testament, welches fast 3½ mal so umfangreich ist wie das Neue Testament. Das heißt also, daß ich das Neue Testament im letzten Viertel der Bibel finde.

Da wir uns in der Hauptsache – und wohl auch zuerst – mit dem Neuen Testament beschäftigen, lassen Sie mich mit der Gliederung des Neuen Testaments beginnen.

Das Neue Testament (NT)

gliedert sich in folgende Hauptteile:

Die vier Evangelien

Die Apostelgeschichte

Die Briefe

Die Offenbarung des Johannes

Leicht können Sie sich merken, daß die *vier Evangelien zu Beginn des Neuen Testaments stehen und anschließend die Briefe* kommen. Beide aber werden von der *Apostelgeschichte unterbrochen.* Da die Offenbarung des Johannes weder ein Evangelium ist noch ein Brief, kann ich sie hier nicht einordnen und finde sie daher: ganz am Schluß des Neuen Testaments.

Vielleicht merken Sie sich auch zunächst nichts anderes, als daß die *vier Evangelien zu Beginn* des Neuen Testaments abgedruckt sind.

Die Reihenfolge der vier Evangelien läßt sich ganz leicht merken: in *umgekehrter* Reihenfolge des Alphabets!

Also finden Sie zuerst *Mat*thäus, dann *Mar*kus, anschließend *L*ukas und *J*ohannes. (Die richtige alphabetische Folge wäre J, L, Mar, Mat.)

Hierzu gibt es einige weitere Merkbrücken:
Die beiden Evangelisten mit den gleichen Anfangsbuchstaben »Ma« stehen zu Beginn.

Von den beiden »Ma« ist Markus der *kürzere* Name. Der *kürzere* Name ist auch das *kürzeste* Evangelium.

Das *kürzeste* Evangelium ist das *älteste* Evangelium, weil die anderen Evangelisten (Mt und Lk) auf dem ältesten aufbauten und dadurch das kürzeste auch erheblich erweiterten!

Das kürzeste (und älteste) Evangelium aber steht *nicht* an erster Stelle!

Die Briefe des Neuen Testaments

werden in zwei Hauptgruppen eingeteilt:
Die 13 Briefe des Apostels *Paulus* und die 7 sogenannten *katholischen Briefe.* (Bezüglich der Briefe des Paulus achten Sie bitte auf den Abschnitt »Entstehung und Ursprung« Seite 161)

Die *Paulus-Briefe* sind dem *Umfang* nach geordnet. Der *längste* Brief – an die Römer – steht am Beginn, direkt also nach der Apostelgeschichte, der *kürzeste* Brief – an Philemon – am Ende der 13 Paulus-Briefe.

Auch hierbei gibt es zwei Eselsbrücken zum leichteren merken:
Die Paulus-Briefe beginnen mit »Ro-ko-ko« = *Ro*/emer, 1 *Ko*/rinther, 2 *Ko*/rinther.

Theologie-Studenten mußten folgenden Merksatz auswendig lernen: *Römische Korinthen galten enorm viel bei den kolossalen Thessalonichern.*

Rö/mische	= Römer-Brief
Korinthe/n	= Korinther-Briefe (1 + 2)
gal/ten	= Galater-Brief
e/norm	= Epheser-Brief
phi/el	= Philipper-Brief
bei den	
koloss/alen	= Kolosser-Brief
Thessalonichern	= Thessalonicher-Briefe (1 + 2)

Diesen neun Paulus-Briefen an verschiedene Gemeinden folgen dann die drei *Pastoral*-Briefe. So genannt, weil sie sich an einzelne pastores = Hirten wenden: An Timotheus (1 + 2) und an Titus. Der Brief an Philemon gehört noch zu den Gefangenschaftsbriefen.
(Als »Gefangenschaftsbriefe« zählen die Briefe an die Epheser, an die Philipper, an die Kolosser und an Philemon, weil sie in der Gefangenschaft geschrieben wurden.)

Am Ende der Paulus-Briefe – noch vor den »katholischen«Briefen – folgt der Hebräer-Brief, weil man ursprünglich glaubte, daß Paulus der Verfasser des Hebräer-Briefes sei. Dieser Brief aber ist – insbesondere mit seinen vielen Zitaten aus dem Alten Testament – ganz anders geschrieben als die Briefe des Paulus, so daß man schon seit längerer Zeit einen anderen Verfasser vermutet.

Die katholischen Briefe

werden so genannt, weil sie sich im Gegensatz zu den Paulus-Briefen, die sich jeweils an eine *bestimmte* Gemeinde oder Person wandten, stets an die *Allgemeinheit* der Kirche, an die ganze, allumfassende (= katholische) Kirche richteten.

Sie sind ebenfalls *nach dem Umfang* geordnet. Dem Jakobus-Brief – mit dem köstlichen 3. Kapitel über die Zunge – folgen die beiden Briefe des Petrus, die wunderschönen drei Johannes-Briefe (Gott ist Licht, Gott ist Liebe) und der Brief des Judas.

Das Neue Testament auf einen Blick

Die geschichtlichen Bücher

Matthäus	Mt	
Markus	Mk	*Die Synoptiker* (Mt, Mk, Lk)
Lukas	Lk	
Johannes	Joh	
Die Apostelgeschichte		

Die Briefe

An die Römer	Röm	
1. Korinther-Brief	1 Kor	Die großen »Paulinen«*) (Röm, 1 Kor, 2 Kor, Gal)
2. Korinther-Brief	2 Kor	
An die Galater	Gal	
An die Epheser	Eph	
An die Philipper	Phil	Die »Gefangenschafts-Briefe« (Eph, Phil, Kol)
An die Kolosser	Kol	
1. Thessalonicher-Br.	1 Thess	Die kleinen »Paulinen«*) (1 Thess, 2 Thess)
2. Thessalonicher-Br.	2 Thess	
1. Timotheus-Brief	1 Tim	
2. Timotheus-Brief	2 Tim	Die Pastoralbriefe (1 Tim, 2 Tim, Tit)
An Titus	Tit	
An Philemon	Phlm	Gefangenschafts-Brief
Der Hebräer-Brief	Hebr	Nicht von Paulus!
Der Brief des Jakobus	Jak	
Der 1. Brief des Petrus	1 Petr	Die katholischen Briefe (Jak, 1 Petr, 2 Petr)
Der 2. Brief des Petrus	2 Petr	

*) Siehe Abschnitt »Entstehung und Ursprung« Seite 161

Der 1. Johannes-Brief	1 Joh	Die katholischen Briefe
Der 2. Johannes-Brief	2 Joh	
Der 3. Johannes-Brief	3 Joh	
Der Brief des Judas	Jud	

Das prophetische Buch

Die Offenbarung des Johannes	Offb

Das Alte Testament auf einen Blick

Das Alte Testament umfaßt 46 Bücher und gliedert sich in folgende Hauptgruppen:

1. Das Gesetz / Der Pentateuch / Die fünf Bücher Mose:

Genesis /Das 1. Buch Mose	Gen
Exodus / Das 2. Buch Mose	Ex
Levitikus / Das 3. Buch Mose	Lev
Numeri / Das 4. Buch Mose	Num
Deuteronomium / Das 5. Buch Mose	Dtn

2. Die geschichtlichen Bücher:

Das Buch Josua	Jos
Das Buch der Richter	Ri
Das Buch Rut	Rut
Das 1. Buch Samuel	1 Sam
Das 2. Buch Samuel	2 Sam
Das 1. Buch der Könige	1 Kön
Das 2. Buch der Könige	2 Kön
Das 1. Buch der Chronik	1 Chr
Das 2. Buch der Chronik	2 Chr
Das Buch Esra	Esra
Das Buch Nehemia	Neh

Das Buch Tobit*	Tob
Das Buch Judit*	Jdt
Das Buch Ester	Est
Das 1. Buch der Makkabäer*	1 Makk
Das 2. Buch der Makkabäer*	2 Makk

3. Die Bücher der Lehrweisheit und die Psalmen:

Das Buch Ijob (Hiob)	Ijob
Die Psalmen	Ps
Das Buch der Sprichwörter	Spr
Das Buch Kohelet	Koh
Das Hohelied	Hld
Das Buch der Weisheit*	Weish
Das Buch Jesus Sirach*	Sir

4. Die Bücher der Propheten:

Die großen Propheten:

Das Buch Jesaja	Jes
Das Buch Jeremia	Jer
Die Klagelieder	Klgl
Das Buch Baruch*	Bar
Das Buch Ezechiel (Hesekiel)	Ez
Das Buch Daniel	Dan

Die kleinen Propheten / Das Zwölfprophetenbuch:

Das Buch Hosea	Hos
Das Buch Joël	Joël
Das Buch Amos	Am
Das Buch Obadja	Obd
Das Buch Jona	Jona
Das Buch Micha	Mi
Das Buch Nahum	Nah
Das Buch Habakuk	Hab
Das Buch Zefanja	Zef
Das Buch Haggai	Hag
Das Buch Sacharja	Sach
Das Buch Maleachi	Mal

Die mit einem * versehenen Bücher sind nur in den katholischen Bibelausgaben enthalten. Die evangelischen und jüdischen Bibeln haben diese *deuterokanonischen* (in einem *zweiten Kanon* später hinzugekommenen) Bücher nicht aufgenommen. Die »Einheits-Übersetzung« bringt diese in der hier bezeichneten Reihenfolge. Die »Gute Nachricht« veröffentlicht sie in einer eigenen katholischen Ausgabe im Anhang als »Spätschriften des Alten Testaments«. »Spätschriften«, weil sie alle erst später als die übrigen Bücher des Alten Testaments, um 300–100 v. Chr., zumeist in *griechischer* Sprache (gegenüber den in hebräischer Sprache verfaßten Büchern des Alten Testaments) geschrieben worden sind.

Die ganze Bibel auf einen Blick

Wenn Sie nun Neues und Altes Testament miteinander vergleichen, finden Sie in beiden eine ähnliche Aufteilung der einzelnen Hauptgruppen:

Neues Testament:		Altes Testament:
	Geschichtliche Bücher:	
Evangelium und Apostelgeschichte		Mose bis Makkabäer
	Lehrbücher:	
Die Briefe		Ijob bis Jesus Sirach
	Prophetische Bücher:	
Die Offenbarung des Johannes		Die großen und die kleinen Propheten

DIE BÜCHER DES ALTEN TESTAMENTS

Wie entstand das Alte Testament?

Wie die ersten Berichte über die Erschaffung der Welt entstanden sind, können wir heute nicht mehr feststellen. Wir wissen aber, daß die Erzählungen über die Patriarchen (Abraham und seine Nachfahren) im Volk gehütet wurden und von Generation zu Generation *mündlich* weiterüberliefert worden sind.
Man kannte ja noch keine Schrift im heutigen Sinn. Erst mehrere Jahrhunderte nach Abraham erfand man in Phönikien, dem heutigen Libanon, unser Buchstabensystem. Vorher hatte man mit *Bilder-* oder *Keil*schriften gearbeitet, die sehr kompliziert waren und nur von wenigen Fachleuten geschrieben und gelesen werden konnten. (Für jedes Wort brauchte man ein eigenes Bildzeichen beziehungsweise eigene Keilschriftzeichen.)

Jedes einzelne Buch des Alten Testaments hat natürlich seine eigene Entstehungszeit, von der wir manchmal sehr viel, manchmal nur sehr wenig wissen.

Das früheste datierbare Dokument über eines der Bücher Mose finden wir im 2. Buch der Chronik, das aus der Zeit König Joschijas (639–609 v. Chr.) folgendes berichtet:
„Als man das Geld herausholte, das die Leute in den Tempel gebracht hatten, fand der Priester Hilkija das Buch mit dem Gesetz, das der Herr durch Mose hatte verkünden lassen. Hilkija sagte zu dem Kanzler Schafan: ›Ich habe im Tempel das Gesetzbuch des Herrn gefunden‹, und gab Schafan die Schriftrollen« (2 Chr 34,14f; vgl. auch 2 Kön 22,8).
Von da an wurde in den Gottesdiensten aus dem »Gesetzbuch des Mose« vorgelesen.

Bis die ersten gebundenen Bücher (Codices) im 2. Jahrhundert n. Chr. erscheinen konnten, wurden alle Schriften auf Buchrollen aufgezeichnet. Buchrollen und Codices mußten bis zur Erfindung der Buchdruckerkunst im 15. Jahrhundert von Hand geschrieben werden.

Der Kanon des Alten Testaments

Neben den fünf Büchern Mose wurden bald auch andere geschichtliche Schriften und die Worte der Propheten gesammelt und beim Tempeldienst dem Volk in Erinnerung gerufen. Um 200 v. Chr. liegen alle Geschichtsbücher, die prophetischen Bücher, die Bücher Mose und Teile des Psalmenbuches vor, die beim Gottesdienst Verwendung finden.
Um 100 v. Chr. entsteht die Sammlung der Lehr- und Weisheitsbücher. 200 Jahre später, auf der jüdischen Synode von Jamnia, wird der hebräische Kanon des Alten Testaments erstmals festgelegt.
(Unter biblischem Kanon versteht man die Zusammenfassung der heiligen Schriften, mit denen die Kirche sich identifiziert, die die Kirche als heilige Schrift offiziell anerkannt hat.)

Die fünf Bücher Mose

bilden eine Einheit, die die Juden die *Torá* (das Gesetz) und die christlichen Bibelwissenschaftler den *Pentateuch* (das Fünfrollenbuch) nennen.
Alle fünf Bücher Mose – »der aus dem Wasser gezogene« – haben ein gemeinsames Thema zum Inhalt: Die Geschichte des Volkes Israel, das *Heilswirken Gottes unter den Menschen.*

Ursprünglich hatte man Mose als den Verfasser dieser Schriften angenommen. Man glaubt aber heute, daß es mehrere biblische Autoren gab, die die Grundlage für die fünf Bücher Mose geschaffen haben.
Die Berichte aus der Zeit der Patriarchen und des Mose wurden zuerst in mündlicher Form überliefert, indem sie von Generation zu Generation weiter erzählt wurden. Um 970 v. Chr. erkennt man eine erste Niederschrift, die von einem großen Theologen und Geschichtskenner verfaßt worden sein mußte. Sie wird die *jahwistische* genannt oder auch nur mit J bezeichnet, weil der Verfasser den Gottesnamen *Jahwe* gebrauchte.
In einem anderen Bericht wird für Gott vorwiegend der Name *Elohim* verwendet. Er dürfte um 720 v. Chr. entstanden sein (E).
Ins 7. vorchristliche Jahrhundert gehört der Grundstock des 5. Buches Mose, des Deuteronomiums.
Der dritte Faden, der sich durch die ersten vier Bücher Mose hindurchzieht, ist die *Priesterschrift* (P) im babylonischen Exil um 550 v. Chr. entstanden, bis um 400 v. Chr. eine endgültige redaktionelle Zusammenfassung der fünf Bücher Mose erfolgte, in der die zuerst genannten drei Niederschriften (J, E und P) von einem eigenen Redaktor (R) zu einem großen Werk vereint worden sind.

Die Genesis (Gen)

das erste Buch Mose, wird so genannt, weil es mit einer Schöpfungsgeschichte der Welt beginnt (Genesis = Entstehung, Ursprung).
Die Genesis gliedert sich in zwei Teile: Die *Urgeschichte* erzählt von den *Absichten Gottes mit seiner Schöpfung,* von dem Auftrag Gottes an die Menschen und deren ersten Sünden (Vertreibung aus dem Paradies, Sintflut, Noach).

Während wir von Noach und seinen Vorfahren nichts aus der Geschichte kennen, wissen wir heute, daß der zweite Teil der Genesis, die *Patriarchengeschichte,* von Abraham und seinen Nachfahren auf geschichtlichen Tatsachen beruht.
Die große Erzählung vom Vertrauen Abrahams zu Gott, der selbst seinen einzigen Sohn auf Geheiß Gottes opfern wollte (Gen 22), erschüttert immer wieder Menschen, die diese Erzählung zum ersten Mal lesen. Abraham wird durch seinen Gehorsam zum großen *Mann des Glaubens* für alle Zeiten. (Siehe auch Hebr 11,8–25.)

(Lesezeit ca. 3 Stunden.)

Exodus (Ex)

heißt das zweite Buch Mose, weil es vom Auszug (= Exodus) der Israeliten aus Ägypten (Ex 1–14) berichtet, dem sich die Geschichte der Wüstenwanderung (Ex 15–19), des Bundes mit seinem Volk (Ex 20: Die Zehn Gebote) und die Anweisungen Gottes für sein Volk (Ex 21–40) anschließen.
Gott befreit Israel aus der Knechtschaft, *Gott sorgt* für sein Volk in der Wüste und *Gott hilft* seinem Volk durch seine Anweisungen und Gesetze zu einem menschenwürdigen Leben.

(Lesezeit ca. 2½ Stunden.)

Levitikus (Lev)

wird das dritte Buch Mose genannt, weil es fast nur aus Gesetzen und Vorschriften für die Leviten (Priester aus dem Stamm Levi) besteht.
(Lesezeit ca. 1¾ Stunden.)

Numeri (Num)

heißt das vierte Buch Mose, weil darin von der großen Volkszählung (Num 1–4 und 26) berichtet wird. Darüber hinaus erzählt es vor allem die Geschichte der 40jährigen Wüstenwanderung, beginnend zwei Jahre nach dem Auszug aus Ägypten.
In 6,22ff finden wir den schönen Segen, der versehentlich oft dem hl. Franziskus zugeschrieben wird. Kapitel 20 berichtet von den Zweifeln des Mose und des Aaron, die Gott deshalb vom Einzug ins gelobte Land fernhält.

(Lesezeit ca. 2 Stunden).

Deuteronomium (Dtn)

– das fünfte Buch Mose – heißt übersetzt »Zweites Gesetz, zweite Gesetzgebung«. Neben der Wiederholung der Gesetze, die Gott den Isrealiten am Sinai gegeben hatte (Dtn 5 und 6), enthält das Buch mehrere Reden des Mose mit großartigen Verheißungen an diejenigen, die Gottes Gebote halten. (Gehorsam bringt Segen: Dtn 7,12–15; 11,16ff; 28,1–14).
Aber auch die Folgen des Ungehorsams werden ausführlich dargestellt (Dtn 28,15–68). Es berichtet von den großen Taten Gottes (Dtn 6,20ff; 11ff), und ruft immer wieder dazu auf, Gott nicht zu vergessen. Das Buch schließt mit dem Lied (Dtn 32) und dem Tod des Mose (Dtn 34).

(Lesezeit ca. 2½ Stunden.)

Die Geschichtsbücher

umfassen in den jüdischen und evangelischen Bibeln die Bücher von *Josua* bis *Ester*. Die katholischen Bibelausgaben enthalten zusätzlich die Bücher *Tobit, Judit* und die *Makkabäerbücher*. Sie alle berichten über die Zeit der Landnahme, des Königtums, der Verbannung ins Babylonische Exil und der Rückkehr. Die Berichte gehen über die Zeit von 1200–180 vor Christus.

Das Buch Josua (Jos)

trägt seinen Namen nach der Hauptperson der Erzählung *Josua* – »Gott hilft« –, den Mose zum Nachfolger eingesetzt hat und den Gott beauftragt hat: »Ich werde dir beistehen, und du wirst die Israeliten in das Land bringen, das ich ihnen mit einem Eid zugesagt habe!« (Dtn 31,23).
Dementsprechend berichtet sein 1. Teil von der Überquerung des Jordan, der Eroberung Kanaans, des verheißenen Landes, und über die Schlacht um Jericho (Kapitel 1–12, um 1230/1200 v. Chr.).
Die Kapitel 13–22 berichten von der Aufteilung des Landes und seiner Besiedelung. Der letzte Teil (Kapitel 23 und 24) enthält zwei Abschiedsreden des Josua, in denen er sein Volk beschwört: *»Haltet dem Herrn, eurem Gott, die Treue!«* (Jos 23,8).
»Er ist ein heiliger Gott, der ungeteilten Gehorsam fordert. Er wird es nicht hinnehmen, wenn ihr ihm nicht treu bleibt“ (Jos 24,9).
(Lesezeit ca. 1½ Stunden.)

Das Buch Richter (Ri)

ist eine Sammlung von Erzählungen, die in der Zeit um 1200 bis etwa 1050 v. Chr. angesiedelt werden können. Immer wieder wie-

derholt sich die Geschichte: Das Volk Israel wird Jahwe untreu. Dadurch kommt es in Not und Bedrängnis. Es schreit zu Gott um Hilfe und Gott sendet ihnen einen Retter.
»Richter« waren nicht Männer am Gericht, sondern Helden, die Gott mit einem besonderen Charisma als Stammesführer betraut und als Retter berufen hatte.

(Lesezeit ca. 1½ Stunden.)

Das Buch Rut (Rut)

Die Erzählung von *Rut,* einer moabitischen Frau, will zeigen, daß Gott auch einer heidnischen Ausländerin Segen und Heil schenkt, wenn sie sich ihm anvertraut. Rut – »Freundin«, »Gefährtin«– wird für ihr großes Vertrauen zum Gott Israels belohnt und schließlich die Urgroßmutter Davids. Der Evangelist Matthäus hat sie in den Stammbaum Jesu (Mt 1,5) aufgenommen.

(Lesezeit ca. 15 Minuten.)

Die Bücher Samuel (Sam)

Benannt nach *Samuel,* dem letzten Richter, schildern beide Bücher den Beginn der Königszeit Israels. Samuel – »Name Gottes« – ist alt geworden. Er hat seine Söhne zu Richtern gemacht, aber das Volk ist mit ihnen nicht einverstanden und will »einen König, wie ihn alle Völker haben« (1 Sam 8,5).
Herrlich ist die Geschichte zu lesen, wie Gott Samuel beauftragt, das Volk über die Rechte eines Königs zu unterrichten und wie Gott durch Samuel dann *Saul* zum ersten König Israels salben läßt (1 Sam 8 und 9). Nach der Salbung spricht Samuel zu Saul:

»Dann wird der Geist des Herrn auf dich kommen, und ihre Begeisterung wird auch dich erfassen. Von da an wirst du wie umgewandelt sein. Wenn dir das alles begegnet, dann besinn dich nicht lange. Tu, wozu es dich drängt! Gott wird dir beistehen.« (1 Sam 10,6f).

Nach der Geschichte Sauls (Kapitel 9–15) liest sich die Berufung Davids zum neuen König Israels besonders köstlich: »Der Jüngste (von acht Söhnen) fehlt noch, David, der hütet die Schafe« (1 Sam 16,11). Doch gerade diesen wird Samuel zum neuen König salben, denn der Herr sagt zu Samuel:

»Ich urteile anders als die Menschen. Ein Mensch sieht, was ins Auge fällt. Ich aber sehe ins Herz« (1 Sam 16,7).

Über viele Kapitel folgt dann der Bericht über die Königszeit *Davids,* der ein mächtiger König und gleichzeitig ein großer Mann des Glaubens war (1 Sam 16–2 Sam 24).

Besonders erwähnt sei hier, wie der Prophet Natan dem König David ins Gewissen redet und das Gleichnis von dem reichen Mann erzählt, der dem armen Nachbarn sein einziges Schaf wegnimmt. »›So gewiß der Herr lebt: Dieser Mann muß sterben‹ rief David von Zorn gepackt« (2 Sam 12,5). Natan antwortete ihm: »Du bist dieser Mann!« (2 Sam 12,7). Darauf kündigt er dem König die Strafe Gottes an, weil David mit Batseba die Ehe gebrochen hat und deren Mann hat umbringen lassen.

(Lesezeit 1. Buch ca. 2 Stunden, 2. Buch ca. 1½ Stunden.)

Die Bücher der Könige (Kön)

umfassen die Zeit vom Tod König Davids (um 970/960 v. Chr.) bis zur Zerstörung Jerusalems (um 587 v. Chr.). Das erste Buch berichtet vor allem von *König Salomo,* dem Sohn Davids (Kapitel 1–11). Der Herr hatte ihm einen Wunsch freigestellt und Salomo – »Der Friedfertige« – wünschte sich »ein Herz, das auf deine Weisungen hört« (1 Kön 3,9).

Der Herr freut sich über diese Bitte und erwidert ihm: »Du hättest dir langes Leben oder Reichtum oder den Tod deiner Feinde wünschen können. Statt dessen hast du mich um Einsicht gebeten, damit du gerecht regieren kannst. Darum werde ich deine Bitte erfüllen und dir so viel Weisheit und Verstand schenken, daß kein Mensch vor oder nach dir mit dir verglichen werden kann.
Aber auch das, worum du mich nicht gebeten hast, will ich dir geben: Ich werde dir Reichtum und hohes Ansehen schenken, so daß zu deinen Lebzeiten kein König sich darin mit dir messen kann. Und wenn du meine Gebote so treu befolgst wie dein Vater David, dann schenke ich dir auch ein langes Leben" (1 Kön 3,11–14).
Kapitel 12–22 berichten von der Teilung des Königreiches Salomos in das *Nordreich Israel* und das *Südreich Juda* (um 931/925).

In beiden Büchern treten große Propheten auf (Elija, Elischa und Jesaja), die die Könige immer wieder zum Gehorsam gegen Gott und zur Abkehr von den Götzen ermahnen.
Erwähnt sei, wie *König Ahab* Elija auf die Probe stellt und der Herr Feuer entzündet, um Elija als seinen Propheten auszuweisen (1 Kön 18,25–40). Ebenso die Stelle, wo Elija aufgeben und sterben will und der Herr ihm seinen Engel schickt: »Er war so gestärkt, daß er vierzig Tage und Nächte ununterbrochen wanderte« (1 Kön 19,8).

(Lesezeit 1. Buch ca. 2 Stunden, 2. Buch ca. 2 Stunden.)

Die Bücher der Chronik (Chr)

berichten über den gleichen Zeitraum wie die Bücher der Könige: Von *König David* bis zum *Babylonischen Exil.* Sie stellen eine Parallele zu den Königsbüchern dar, wenn sie auch nüchterner abgefaßt sind. In den ersten acht Kapiteln zählen sie den

Stammbaum von Adam bis König David – »der Vielgeliebte« – auf.
Immer wieder klingt in beiden Geschichtsbeschreibungen (Könige und Chronik) der große Leitgedanke durch: Wo der König und das Volk Gott gehorsam sind, da steht Gott ihnen bei in allem, was sie unternehmen. Immer aber, wo Menschen sich von Gott abwenden und statt dessen falschen Propheten folgen und falsche Götzen anbeten, da läßt der Herr Unglück, Verfolgung, ja Verbannung (Babylon) und Zerstörung (Jerusalem) zu.

(Lesezeit 1. Buch ca. 1¾ Stunden, 2. Buch ca. 2¼ Stunden.)

Die Bücher Esra und Nehemia Esra/Neh)

schließen an die Bücher der Chronik an. Esra – »Hilfe« (ist Gott) – beschreibt die Rückkehr der Israeliten aus der Babylonischen Gefangenschaft (um 538 v. Chr.) und den Wiederaufbau des Tempels (515 v. Chr. vollendet). Nehemia – »Gott tröstet« – gibt einen Bericht aus der gleichen Zeit.

(Lesezeit Esra ca. 40 Minuten, Nehemia ca. 1 Stunde.)

Das Buch Tobit (Tobias) (Tob)

ist sicher kein geschichtlicher Bericht, sondern eine *Lehrerzählung über die Güte und Treue Gottes,* die der Herr dem zukommen läßt, der ihm gehorsam bleibt.
Tobit, ein frommer Israelit, der ein Leben lang den Armen und Verfolgten geholfen hat, wird mit Blindheit geschlagen. Doch Tobit bleibt Gott treu. Zur Belohnung schickt Gott ihm den Engel *Rafael,* der seinen Sohn *Tobias* in der Fremde beschützt und ihm selbst wieder das Augenlicht schenkt.

Tobit – »Gott ist gut« – hat nie daran gezweifelt, was er einmal seinem Sohn sagte:
»Vergiß niemals in deinem ganzen Leben den Herrn ... Wer Gott die Treue hält, dem läßt er alles gelingen“ (Tob 4,5f).

(Lesezeit ca. 35 Minuten.)

Das Buch Judit (Jdt)

ist ein packendes Zeugnis dafür, daß die Bibel spannender als jeder moderne Roman sein kann: *Holofernes,* der Oberbefehlshaber Nebukadnezzars, rückt »mit 170000 Mann zu Fuß und 12000 Reitern – den Troß und die dazugehörigen Mannschaften nicht mitgerechnet« (Jud 7,2) gegen Betulia vor, um nach Eroberung dieser israelitischen Bergstadt von hier aus ganz Israel zu zerstören.
»Die Israeliten schrien um Hilfe zum Herrn, ihrem Gott, denn sie waren ganz mutlos geworden. Die Feinde hatten sie eingeschlossen und es gab kein Entrinnen mehr« (Jud 7,19).
Da schrie das Volk, das nicht mehr kämpfen wollte: »Überlaßt ihnen die Stadt zur Plünderung! Es ist immer noch besser, sie nehmen uns als Kriegsgefangene mit! Wir werden dann zwar Sklaven, aber wir bleiben wenigstens am Leben« (Jud 7,26f).

Wie dann Gott doch noch *durch den Mut und die Tapferkeit und das Gottvertrauen einer einzigen Frau* die Lage wendet und wie die kleine Zahl der Israeliten schließlich das Riesenheer der Assyrer in die Flucht schlagen konnte – »man brauchte noch dreißig Tage, um die ganze Beute aus dem verlassenen assyrischen Lager zu bergen« (Jud 15,11) – das ist so spannend erzählt, daß Sie es gerne lesen werden. (Judit = »Judäerin«)

(Lesezeit ca. 1 Stunde.)

Das Buch Ester (Est)

berichtet in ähnlicher Weise wie das Buch Judit von den Heldentaten einer tapferen Frau, die ihr Volk rettet: Die jüdische *Ester* – »Stern« – wird wegen ihrer Schönheit Königin im Reich des Perserkönigs *Artaxerxes.* Mittels ihrer Weisheit und unter Einsatz ihres Lebens gelingt es ihr, die im Land ausgerufene Verfolgung und Ausrottung der Juden zu verhindern. Gegenüber der ersten hebräischen Fassung, die Aufnahme in den jüdischen und evangelischen Bibel-Kanon fand, gibt es in den katholischen Bibelausgaben eine erweiterte Fassung des Ester-Textes, die einer späteren griechischen Nacherzählung entspricht.
(Lesezeit ca. 30, bzw. 45 Minuten.)

Die Makkabäerbücher (Makk)

gehören wie Tobit und Judit zu den deuterokanonischen Schriften des Alten Testaments, die nur in den katholischen Bibelausgaben aufgeführt sind. Benannt sind sie nach den Söhnen des *Mattatias,* die den Ehrennamen Makkabe (= »Hämmerer«) als Beinamen tragen (zuerst nur der älteste Sohn *Judas,* später auch *Jonatan* und *Simeon*).
Die Bücher berichten aus der Zeit der Kämpfe der Juden gegen die mazedonische Dynastie der Seleukiden (175–134 v. Chr.), die den Juden die griechische Lebensart aufdrängen und von Gott abspenstig machen wollen.

Das 2. Buch der Makkabäer ist nicht eine Fortsetzung des ersten, sondern vielmehr parallel gestaltet. Besonders wegen seiner Aussagen über die Auferstehung von den Toten, die Verdienste der Märtyrer und die Fürbitte der Heiligen ist es in den nachträglichen Bibel-Kanon der katholischen Kirche aufgenommen worden.

(Lesezeit 1. Buch ca. 2¼ Stunden, 2. Buch ca. 1¾ Stunden.)

Die Bücher der Lehrweisheit und die Psalmen

bilden die dritte Gruppe im Alten Testament (nach dem Pentateuch und den geschichtlichen Büchern). Zusätzlich zum jüdischen und evangelischen Bibelkanon führt der katholische Bibelkanon hier auch »Das Buch der Weisheit« und »Das Buch Jesus Sirach« auf.
Im Gegensatz zu den anderen Büchern des Alten Testaments, die sich in erster Linie der Offenbarung Gottes zuwenden – dem Gesetz Gottes, der Erwählung Gottes und der Hilfe und dem Segen Gottes –, befassen sich die Weisheitsbücher vor allem mit dem einzelnen Menschen, seinem Verhalten und seinem Schicksal.
König Salomo, dem Gott »so viel Weisheit und Verstand schenkte, daß kein Mensch vor oder nach ihm mit ihm verglichen« (1 Kön 3,12) werden konnte, gilt als der Begründer der hebräischen Weisheitsliteratur, die schon vorher im ganzen Orient weit verbreitet war.

Das Buch Ijob (Ijob)

– »Wo ist der Vater« – ist nicht nur ein literarisches Meisterwerk, es gehört sicher auch zu den erschütterndsten Bibel-Aussagen über Gott: Es kommt alles auf das Vertrauen zu Gott an, der mächtiger und größer ist, als es unsere Vorstellung erahnen läßt und dessen Pläne kein Mensch durchschauen kann.

Gott läßt zu, daß Ijob, ein frommer und gerechter Mann, vom Satan auf die Probe gestellt wird. Zuerst werden ihm seine Tiere genommen, seine Knechte getötet, dann seine Kinder erschlagen, doch »trotz allem versündigte sich Ijob nicht. Er machte Gott keinen Vorwurf« (Ijob 1,22).
Da schlägt der Widersacher noch schlimmer zu. »Satan ... ließ an Ijobs Körper eiternde Geschwüre ausbrechen; von Kopf bis Fuß

war er davon bedeckt« (2,7) und »seine Frau sagte zu ihm: ›Willst du Gott jetzt immer noch die Treue halten? Verfluche ihn doch und stirb!‹ Aber Ijob antwortete: ›Du redest wie jemand, der Gott nicht ernst nimmt!‹« (2,9f).

Die Bewährung des Glaubens auch in tiefster Not und Gott ernst nehmen, auch wenn wir seine Pläne nicht begreifen können, das ist der große Hintergrund dieses spannenden Buches, das in einmaliger Art von den Beziehungen eines gottesfürchtigen Menschen zu seinem Gott berichtet.
Von Gott, dessen Macht und Weisheit wir an den Beispielen der Natur nur erahnen können, dessen Handeln und Pläne wir aber auch dann respektieren müssen, wenn sie uns im Moment menschlich nicht verständlich sind.

(Lesezeit ca. 2 Stunden.)

Die Psalmen (Ps)

gehören zum größten geistlichen Reichtum der Bibel. Entstanden in mehreren Jahrhunderten (von David bis nach dem Exil), ist der Psalter (das Buch der Psalmen) von Anfang an das Gebet- und Liederbuch des jüdischen Volkes. Die Kirche hat die Psalmen, die auch Jesus, Maria und die Apostel beteten, unverändert als Lob-, Bitt- und Danklieder übernommen.

Neben den drei Hauptgruppen *Hymnen* (Lobpreis Gottes), *Klagelieder* (Bitte) und *Danklieder* unterscheidet man heute weitere Gruppen von Psalmen: Königslieder, Wallfahrtslieder, Weisheitslieder. Oft gehen bei einem Psalm verschiedene dieser Gattungen ineinander über.

Die Verfasser der Psalmen sind unbekannt. Man schreibt aber 73 Psalmen (hebräische Bibel) bzw. 82 Psalmen (griechische Bi-

belausgabe) König David zu, von dem ja bekannt war, daß er »Harfe spielen« konnte (1 Sam 16,18) und ein »Sänger« und »Liederdichter« war (2 Sam 1,17; 3,33; 6,5).
Von den Psalmen geht auch heute noch eine große Kraft auf den gläubigen Menschen aus:

»Als ich von allen Seiten eingeschlossen war, schrie ich zum Herrn um Hilfe. Er antwortete mir und machte mich frei« (Ps 118,5).

»Du hast mich erhört, als ich zu dir schrie; du ermutigst mich zu den kühnsten Wünschen« (Ps 138,3).

»Reich beschenkst du jeden, der dir, Herr, die Treue hält; schützend umgibt ihn deine Liebe« (Ps 5,13).

»Von allen Seiten umgibst du mich, ich bin ganz in deiner Hand« (Ps 139,5).

»Mit dir, meinem Gott, überspringe ich Mauern« (Ps 18,30).

Man sollte die Psalmen besser beten als lesen. Für ein erstes Kennenlernen will ich Ihnen aber auch hier die Lesezeit angeben: Ca. 5 Stunden.

Noch ein Nachtrag zur Zählweise der Psalmen: Oft finden Sie hinter der Nummer eines Psalms eine zweite Ziffer in Klammern stehen. Die zweite Numerierung kommt von der unterschiedlichen Zählweise der hebräischen und der später übersetzten griechischen (Septuaginta) und lateinischen (Vulgata) Bibel.
Die griechische und die lateinische Bibelübersetzung fassen die Psalmen 9 und 10 zu einem Psalm 9 zusammen, ebenso die Psalmen 114 und 115. Dagegen faßt die hebräische Bibel die Psalmen 114 und 115 der lateinisch-griechischen Zählweise zu einem Psalm 116 zusammen, ebenso die Psalmen 146 und 147.

Es ergibt sich daher folgende Zählung:

Hebräische Bibel:			*Vulgata und Septuaginta:*
Psalm	1–8	=	Psalm 1–8
	9	=	9,1–21
	10	=	9,22–42
	11	=	10
bis	113	=	112
	114	=	113,1–8
	115	=	113,9–27
	116,1–9	=	114
	116,10–19	=	115
	117	=	116
bis	146	=	145
	147,1–11	=	146
	147,12–20	=	147
	148–150	=	148–150

Die neuen Bibelausgaben zitieren alle wieder nach der hebräischen Bibel, ebenso das Neue Stundenbuch. Die Zahlen in Klammern bedeuten dann die Psalmenzahl der lateinisch-griechischen Fassung, die vor allem lange Zeit in liturgischen Büchern und in älteren theologischen Werken gebraucht wurden.

Das Buch der Sprichwörter (Spr)

will zum richtigen Verhalten unter den Menschen führen und stellt die Bedeutung der allgemeinen Tugenden wie Treue, Wahrheit, Klugheit, Demut, Geduld, Sorge für die Armen heraus. Alle Tugenden aber werden zusammengefaßt in der Weisheit, »die der Herr vor langer Zeit geschaffen, sie war sein erstes Werk vor allen anderen« (Spr 8,22).

»Suche nach der Weisheit wie nach vergrabenen Schätzen. Dann wirst du auch lernen, Gott zu erkennen und ihn, den Herrn, ernst zu nehmen« (Spr 2,4f).

»Wer klug und tüchtig werden will, muß vor allem Gott ernst nehmen« (Spr 1,7).

Das Buch der Sprichwörter ist ein kluges, besonnenes Buch, das zum Nachdenken führt. Es gibt viele Anregungen für ein Reifen und Wachsen in der Weisheit, die als der Inbegriff eines vollkommenen Lebens gilt.
Erwähnt seien hier nur noch die Kapitel mit den Ratschlägen erfahrener Männer (22,17–23,34) und mit dem Lob der tüchtigen Frau (31,10–30). Eine Fundgrube für Rede-Manuskripte!

(Lesezeit ca. 1½ Stunden.)

Das Buch Kohelet (Koh)

ist ein besonders gutes Beispiel dafür, welche Schätze für unser tägliches Leben in der Bibel enthalten sind und wie leicht sich diese uns erschließen.

»Alles verändert sich so schnell« (Koh 1,8).

»Da müht sich einer ab mit Klugheit und Geschick und erreicht etwas; aber dann muß er es einem vererben, der keinen Finger dafür krumm gemacht hat« (2,21).

Kohelet – der Name ist die Bezeichnung für einen, der in der Kirche spricht, daher auch oft »das Buch Prediger« genannt– ist »zu der Erkenntnis gekommen: *Das einzige, was der Mensch zu seiner Freude tun kann, ist, daß er sein Leben genießt, solange er es hat«* (3,12).
Kohelet empfiehlt: »Genieße froh jeden Tag« (11,8), doch er fügt einige Zeilen weiter auch hinzu: *»Aber vergiß nicht, daß Gott für alles von dir Rechenschaft fordern wird«* (11,9).
Ein gutes Beispiel dafür, wie wichtig es ist, *auf das ganze Umfeld*

der Bibel zu achten, immer *den Geist der Bibel* zu sehen und nicht ein Wort losgelöst als Lebensmaxime zu nehmen!

Für unsere Gebetsgruppen hat er die Anregung: »Überlege, bevor du Gott etwas sagst. Sprich nicht alle Gedanken aus, die dir kommen« (5,1).
Kohelet ermahnt auch: »Wenn du Gott etwas versprochen hast, dann erfülle es so schnell wie möglich. Wer ihm etwas verspricht und dann nicht hält, *nimmt ihn nicht ernst*« (5,3).

Neben der Freude am Leben empfiehlt Kohelet *Wissen, Geduld* und *Vorsicht,* vor allem aber die *gesunde Mitte:*
»Übertreibe es nicht mit der Rechtschaffenheit ... Schlag aber auch nicht über die Stränge ... Halte dich an die gesunde Mitte. *Wenn du Gott ernst nimmst, findest du immer den rechten Weg«* (7,16ff).
(Lesezeit ca. 30 Minuten.)

Das Hohelied (Hld)

ist eine Lied-Dichtung, die dem König Salomo als Verfasser zugeschrieben wird. Es wird auch »das schönste aller Lieder« oder das »Lied der Lieder« genannt, weil es in einer einmalig schönen und zärtlichen Sprache die Liebe zwischen Mann und Frau beschreibt.

Weil von Gott nicht wörtlich die Rede ist, sondern »nur von der Liebe«, wollte man früher das Hohelied aus der Bibel verbannen. Doch man suchte, darüber hinaus diese Liebesgedichte in einem übertragenen Sinn zu verstehen:
Unter dem Bild der Liebe unter Brautleuten wird gleichzeitig die innige Liebe Gottes zu seinem Volk und die Liebe des Volkes zu seinem Gott gesehen. Der Prophet Hosea hatte ähnliche Gedanken aufklingen lassen (Hos 2,21f).

Man kann ruhig beide Deutungen gelten lassen, denn wo man von der reinen Liebe spricht, da spricht man auch immer von Gott! Denn »die Liebe kommt von Gott« (1 Joh 4,7), ja »Gott ist Liebe«! (1 Joh 4,8).

(Lesezeit ca. 25 Minuten.)

Das Buch der Weisheit (Weish)

gehört ebenso wie das nachfolgende »Buch Jesus Sirach« zu den deuterokanonischen Schriften, die nur in den katholischen Bibelausgaben (in der »Guten Nachricht« im Anhang) enthalten sind. Es ist das zuletzt entstandene Buch des Alten Testaments. Sein Verfasser lebte vermutlich in der Mitte des 1. Jahrhunderts v. Chr.
In drei großen Abschnitten berichtet das Buch von der Bedeutung der Weisheit, von ihrem Ursprung, »daß sie Gottes Seele ist« (Weish 8,21), »daß sie sich finden läßt, von dem, der sie sucht« (6,12) und daß ein Mensch »nichts ohne die Weisheit ist, selbst wenn er vollkommen wäre« (9,6).
»Die Verbindung mit der Weisheit (aber) schenkt unvergängliches Leben, sie zu lieben, gewährt reine Wonne, ihr Wirken schafft unerschöpflichen Reichtum, der stete Umgang mit ihr führt zur Einsicht, und das Gespräch mit ihr macht angesehen« (8,17f).
(Lesezeit ca. 1¼ Stunden.)

Das Buch Jesus Sirach (Sir)

ist benannt nach seinem Verfasser, der sich Jesus nennt und ein »Sohn Sirachs und Enkel Eleasars« war (Sir 50,27). Geschrieben wurde das Buch um 180 v. Chr.

Auch in diesem Buch steht *die Weisheit als Lehrerin* des Menschen und die »Ehrfurcht vor dem Herrn« als »der Anfang« (Sir 1,14), »die Fülle« (1,16) und »die Krone der Weisheit« (1,18) im Vordergrund.

»Alle, die der Weisheit dienen, dienen dem heiligen Gott; er liebt jeden, der die Weisheit liebt« (4,14).

Diese Sammlung von Verhaltensregeln will das Leben leichter, schöner und kraftvoller machen. Der Leser kann mit Recht feststellen, daß er durch dieses Buch neues Wissen lernen, aber auch neuen Mut und neue Hoffnung erfahren kann.

(Lesezeit ca. 3 Stunden.)

Die Bücher der Propheten

Die Propheten des Alten Testaments sind Menschen, die *von Gott berufen* waren, seinen Willen und seine Absichten den Menschen kundzutun:
»Der Herr hat mich von meiner Herde weggeholt und gesagt: ›Geh als Prophet zu meinem Volk Israel und kündige ihm mein Strafgericht an!‹« (Amos 7,15).

Sehr ausführlich berichtet Jesaja über seine persönliche Berufung (Jes 6).
Ähnlich köstlich wie die Berufungsgeschichte des Mose (Ex 3 und 4), dem auch der Titel eines großen Propheten beigelegt worden ist, liest sich die Berufung des Jeremia.
Sagt Mose dem Herrn: »Herr, nimm es mir nicht übel, aber ich habe noch nie gut reden können ... Ich bin im Reden viel zu schwerfällig und unbeholfen« (Ex 4,10), so wehrt Jeremias ab:

»Ach, mein Herr und Gott! Ich kann doch nicht reden, ich bin noch zu jung!« (Jer 1,6).
Bei beiden läßt sich der Herr nicht auf ihren Widerspruch ein. Er beauftragt sie knapp und deutlich *mit der Zusicherung seiner Hilfe und seiner Nähe:*
»Genug jetzt, geh! *Ich werde dir helfen* und dir sagen, was du reden sollst« (Ex 4,12).
»Geh, wohin ich dich sende und verkünde, was ich dir auftrage! Hab keine Angst, denn *ich bin bei dir und werde dich beschützen*« (Jer 1,7f).

Es gibt nicht nur die »Schrift«-Propheten, deren Worte uns in einer besonderen Schrift erhalten sind. Auch viele andere Propheten sind in der Bibel erwähnt, so zum Beispiel Natan bei König David (2 Sam 12), Elija bei König Achab (1 Kön 18), oder Elischa, der das Heer vor dem Verdursten rettete (2 Kön 3,11–20).

Auch von falschen Propheten berichtet die Bibel. Diese täuschen das Volk, teils, weil sie falschen Vorstellungen unterliegen, teils, weil sie um des Ansehens willen oder des Geldes wegen als Propheten auftreten. (An den Königshöfen und im Tempel gab es die Hof- und die Tempel-Propheten.)

Den wahren Propheten erkannte man daran, daß er ein Zeichen nannte, das später auch wirklich eintraf und daß er auch mit seinem Vorbild das lebte, was er verkündete.
So haben viele Propheten ihr Amt als eine Last empfunden und litten körperlich und seelisch unter ihrem Auftrag, dem oft unverständigen Volk die Botschaft Gottes zu verkünden.
Denn nicht nur die Treue und die Hilfe Gottes, vor allem auch das Strafgericht und der Zorn des Herrn wegen der Sünden des Volkes gehörten zum Inhalt der prophetischen Rede. Immer wieder rief Gott durch seine erwählten Propheten das Volk zur Umkehr auf und kündete seine Strafen an, wenn Israel oder Juda in der Sünde verharrten.

Die ältesten Prophetenbücher stammen aus dem 8. Jahrhundert v. Chr. und die jungen gehören in die nachexilische Zeit. Die »kleinen« Propheten (vereint im »Zwölfprophetenbuch«) hatten eine ebensolche Bedeutung für ihr Volk wie die »großen« Propheten. Die Bezeichnung »kleine« und »große« weist nur auf den Umfang der Schriften hin.

Das Buch Jesaja (Jes)

Um 765 v. Chr. geboren, wurde Jesaja – »Jahwe rettet« – um 742/740 durch eine Vision zum Propheten berufen, »es war in dem Jahr, als König Usija starb« (Jes 6,1). Auf die Frage des Herrn, »wer ist bereit, unser Bote zu sein?«, antwortete Jesaja: »Ich bin bereit, sende mich!« (Jes 6,8)
Das Buch Jesaja ist in drei große Abschnitte eingeteilt. Wie bei allen großen Propheten, so enthält auch Jesaja in seinem ersten Buch (Kapitel 1–39) Drohpredigten und Verheißungen. Gott spricht durch ihn:
»Laßt eure nutzlosen Opfer ... ich kann sie nicht ausstehen, solange ihr nicht von euren Verbrechen laßt. Eure Neumondsfeiern und eure Feste hasse ich; sie sind mir lästig, ich kann sie nicht mehr ertragen ... denn an euren Händen klebt Blut. Wascht euch, reinigt euch! Macht Schluß mit eurem üblen Treiben; hört auf, vor meinen Augen Unrecht zu tun! Lernt Gutes zu tun, sorgt für Gerechtigkeit ...« (1,13–17).

Gott hält über Juda aber nicht nur Gericht, er wird ihm auch einen Friedenskönig schenken:
»Das Volk, das im Dunkeln lebt, sieht ein großes Licht; für die, die im Land der Finsternis wohnen, leuchtet ein Licht auf« (9,1).

»Denn ein Kind ist geboren, der künftige König ist uns geschenkt! Man wird ihn nennen: umsichtiger Herrscher, mächtiger Held, ewiger Vater, Friedensfürst. Seine Macht wird weit reichen, und dauerhafter Frieden wird einkehren. Er wird auf dem Thron Davids regieren, und seine Herrschaft wird für immer Bestand haben, weil er sich an die Rechtsordnungen Gottes hält« (9,5f).

»Ihn wird der Herr mit seinem Geist erfüllen, dem Geist, der Klugheit und Einsicht gibt, der sich in weiser Planung und in Stärke zeigt, in Erkenntnis und Ehrfurcht vor dem Herrn. Gott zu gehorchen ist ihm eine Freude« (11,2f).

Der erste Abschnitt (Kapitel 39) endet mit der Ankündigung von Gottes Strafgericht: »Alle Schätze in deinem Palast ... wird man eines Tages nach Babylon wegschaffen und nichts davon zurücklassen« (39,6).
Die Kapitel 40–55 werden ebenso wie die Kapitel 55–66 anderen Autoren zugeschrieben und daher Deuterojesaja (zweiter Jesaja) und Tritojesaja (dritter Jesaja) genannt.
Die Kapitel 40–55 sind vor allem Trostworte für die Verbannten in Babylon:
»Tröstet, tröstet mein Volk!« sagt euer Gott. »Sprecht den Leuten aus Jerusalem Mut zu, sagt zu ihnen: ›Eure Schuld ist abgebüßt!‹« (40,1f).
Und eine Stimme ruft: »Bahnt für den Herrn einen Weg durch die Wüste, baut eine Straße für unseren Gott! Füllt die Täler auf, ebnet Berge und Hügel ein, räumt alle Hindernisse aus dem Weg! Der Herr wird kommen in seiner ganzen Herrlichkeit« (40,3ff).

Der dritte Abschnitt (56–66) bringt den Ausblick auf die kommende Heilszeit: Der Herr »greift mit eigener Hand ein und verschafft seinem Willen Geltung« (59,16).
»Für die Gemeinde auf dem Zionsberg kommt er als Befreier, für alle Nachkommen Jakobs, die umkehren und sich nicht länger gegen ihn auflehnen.
›Ich schließe mit ihnen einen Bund‹, sagt der Herr, ›und gebe ihnen die feste Zusage: Mein Geist, den ich dir gegeben habe, und die Worte, die ich dir anvertraut habe, werden in ihnen lebendig bleiben in alle Zukunft, von einer Generation zur anderen‹« (59,20f).

Der unbekannte Prophet, der Tritojesaja genannt wird, erläutert den Auftrag seines Wirkens (und seines Buches):

»Der Geist des Herrn hat von mir Besitz ergriffen. Denn der Herr hat mich erwählt, um den Armen gute Nachricht zu bringen, den Verzweifelten neuen Mut zu machen, den Gefangenen zu verkünden: ›Ihr seid frei! Eure Fesseln werden gelöst!‹« (61,1).
Gott hat den Propheten »gesandt, um anzusagen: ›Die Zeit ist gekommen, daß der Herr, unser Gott, uns retten und mit unseren Feinden abrechnen wird. Die Weinenden soll ich trösten und allen Freude bringen‹« (61,2f).

Das Buch Jesaja endet mit der Verheißung von Gottes machtvollem Eingreifen:

»Der Herr zeigt seine rettende Macht an denen, die ihm treu sind« (66,14).

»Wie der neue Himmel und die neue Erde, die ich schaffe, durch meine Schöpfermacht für immer bestehen bleiben, so werdet auch ihr als Volk niemals untergehen« (66,22).

(Lesezeit ca. 3½ Stunden.)

Das Buch Jeremia (Jer)

Um 645 v. Chr. – ein Jahrhundert später als Jesaja – wurde Jeremia – »Gott erhebt« – als Sohn des Priesters Hilkija in der Nähe Jerusalems geboren. Bereits 626 v. Chr. wird er – noch nicht 20 Jahre alt – von Gott zum Propheten berufen (Jer 1,1 und 1,4ff), um fünf Königen von Juda (Joschija, Joahas, Jojakim, Jojachin und Zidkija) die Botschaft Gottes zu überbringen.

Immer mußten es Drohpredigten und Strafankündigungen sein, denn Jeremia lebte ja in der Zeit vor dem Exil, die durch den

Abfall der Menschen von Gott besonders gezeichnet war. Das übersteigt die menschlichen Kräfte des Jeremia und er verfällt in Bitterkeit und Depressionen:
»Du hast mich verführt, Herr, und ich habe mich verführen lassen; du hast mich gepackt und mir Gewalt angetan. Nun spottet man immerzu über mich, alle lachen mich aus. Denn sooft ich in deinem Auftrag rede, muß ich Unrecht anprangern. ›Verbrechen!‹ muß ich rufen, ›Unterdrückung!‹ Und das bringt mir nichts als Spott und Hohn ein, Tag für Tag« (20,7f).
Doch Gott stützt ihn und richtet ihn wieder neu auf: »Aber wenn ich sage: ›Ich will nicht mehr an Gott denken und nicht mehr in seinem Auftrag reden‹, *dann brennt dein Wort in meinem Innern wie ein Feuer«* (20,9).
Und Jeremia findet wieder neue Kraft: »Doch du, Herr, stehst mir bei, du bist mein mächtiger Beschützer!« (20,11).

Jeremia erlebt die Zeit der ersten Deportation 597. Aber auch jetzt, da seine ernsten Warnungen eingetroffen sind, glaubt man ihm nicht.
Als er wieder einmal im Vorhof des Tempels verkündet, die Weisungen des Herrn zu halten und auf den Herrn zu hören, sonst wird der Herr die Stadt verwüsten, da schleppen ihn die Juden vor Gericht und erheben Anklage gegen ihn: »Dafür mußt du sterben! Du wagst zu behaupten: ›Diesem Tempel wird es ergehen wie Schilo, und diese Stadt wird völlig zerstört; niemand wird mehr hier leben!‹ Das sagst du nicht im Auftrag des Herrn!« (26,8f).
Doch Jeremia läßt nicht ab von seinem prophetischen Auftrag: „Ändert jetzt euer Leben und Tun und hört auf den Herrn, euren Gott! Dann wird auch er seinen Plan ändern und das Unheil, das er euch angedroht hat, nicht ausführen. Ich bin in eurer Hand; macht mit mir, was euch gut und recht erscheint« (26,13f).

So tritt Jeremia über vier Jahrzehnte vor sein Volk, das nicht auf die Worte Gottes hört und 587 v. Chr. die Zerstörung Jerusalems und den Marsch in die Gefangenschaft nach Babylon miterleben muß.

Jeremia selbst wird von Nebukadnezzar die Freiheit geschenkt, doch eine Gruppe nach Ägypten flüchtender Judäer nehmen ihn als ihren Gefangenen mit. Von da an (569) gibt es kein Zeichen mehr von Jeremia.

Äußerlich gescheitert, wurde die Bedeutung Jeremias nach seinem Tod im Volk immer bewußter. Heute gilt er als einer der großen Väter des Judentums.
(Lesezeit ca. 4 Stunden.)

Die Klagelieder (Klgl)

beinhalten fünf Gedichte, die die Zerstörung Jerusalems um 587 v. Chr. und das Elend des Volkes beklagen. Sie wurden Jeremia zugeschrieben und deshalb auch direkt nach ihm in die Bibel eingeordnet.

Trotz tiefster Not und Leid findet sich aber auch Hoffnung:
»Ich will mich an etwas anderes erinnern, damit meine Hoffnung wiederkommt: Durch Gottes Güte sind wir noch am Leben, denn seine Liebe hört niemals auf; jeden Morgen ist sie neu wieder da, und seine Treue ist unfaßbar groß. Ich sage: Der Herr ist mein Ein und Alles; darum setze ich meine Hoffnung auf ihn.
Der Herr ist gut zu dem, der auf ihn zählt, zu jedem, der seine Nähe sucht. Darum ist es das beste, zu schweigen und auf die Hilfe des Herrn zu warten« (Klgl 3,21–26).
(Lesezeit ca. 25 Minuten.)

Das Buch Baruch (Bar)

gehört zu den deuterokanonischen Schriften. Baruch – »der Gesegnete« –, der Sekretär des Jeremia, hat es in der babylonischen Gefangenschaft verfaßt und nach Jerusalem gesandt, damit es den

Zurückgebliebenen vorgelesen würde: Sie sollten für die Gefangenen beten und ein Leben führen, das dem Herrn gefällig sei.

So steht auch zu Beginn dieses Buches ein Schuldbekenntnis und ein Gebet zum Herrn: »Wende deinen Zorn von uns ab! Höre unser Gebet, Herr, hilf uns, rette uns um deiner Ehre willen ... Greif ein, damit alle Völker erkennen, daß du der Herr, unser Gott, bist!« (Bar 2,13ff).

Dem Hilferuf des verbannten Volkes folgt ein Loblied auf die Weisheit: »Die Weisheit ist das Gesetz Gottes, das in Ewigkeit besteht ... Alle, die sich an sie halten, gewinnen das Leben« (4,1).

Das Buch schließt mit Trostliedern: »Faßt Mut, meine Kinder, ruft zu Gott um Hilfe! Er wird euch aus der Macht und Gewalt eurer Feinde befreien. Ich vertraue fest darauf, daß der ewige Gott euch retten wird« (4,21f).

(Lesezeit ca. 20 Minuten.)

Der Brief des Jeremia

wird in manchen Bibelausgaben als 6. Kapitel des Baruch-Briefes abgedruckt, in anderen als selbständiger Brief veröffentlicht. Jeremia »gab ihn den Leuten aus Juda mit auf den Weg, die der König von Babylon in die Verbannung führte« (BrJer 1,0).

Der Brief richtet sich gegen die »Götter aus Silber, Gold und Holz« (1,3): »Laßt euch nicht von ihnen anstecken! Laßt euch nicht beeindrucken, wenn die Massen vor und hinter diesen Götterbildern herziehen und sie anbeten. Habt keine Furcht vor ihren Göttern! Sagt vielmehr bei euch selbst: ›Dich allein soll man anbeten, Herr!‹« (1,4f).
(Lesezeit ca. 10 Minuten.)

Das Buch Ezechiel (Ez)

Ezechiel – »Gott macht stark« – war 30 Jahre alt, als er im Exil von Babylon im 5. Jahr nach der 1. Deportation um 593 v. Chr. von Gott zum Propheten berufen wurde. In einer großen Vision zeigte sich ihm der Herr:
»Ich lebte unter den Verbannten aus Juda am Fluß Kebar. An jenem Tag öffnete sich der Himmel, und ich schaute Gott. Ich sah, wie der Sturm eine mächtige Wolke von Norden herantrieb; sie war von einem hellen Schein umgeben, und Blitze zuckten aus ihr. Die Wolke brach auf, und aus ihrem Inneren leuchtete ein helles Licht, wie der Glanz von gleißendem Gold« (Ez 1,3f).
»Oberhalb der Stelle, wo beim Menschen die Hüften sind, sah ich etwas, das wie helles Gold aussah, umgeben von Feuerflammen, und unterhalb etwas wie loderndes Feuer. Die ganze Gestalt war von einem Lichtkranz umgeben, der wie ein Regenbogen aussah, der nach dem Regen in den Wolken erscheint. So zeigte sich mir der Herr in seiner strahlenden Herrlichkeit« (1,27f).

Ezechiel war von dieser Vision »verstört und sehr erregt, denn ich spürte, wie der Herr seine Hand auf mich gelegt hatte. Ich ging zurück zu den Verbannten, die in Tel Abib am Fluß Kebar lebten. Sieben Tage lang saß ich dort starr und regungslos« (3,14f).

Als die sieben Tage vergangen waren, sagte der Herr zu ihm:
»Ich bestelle dich zum Wächter, der die Israeliten vor drohender Gefahr zu warnen hat. Wenn du eine Botschaft von mir vernimmst, mußt du sie den Israeliten weitersagen, damit sie wissen, was auf sie zukommt« (3,17).

Dieses Wächteramt hat Ezechiel, der selbst Priester war, nicht nur mit großem Ernst wahrgenommen. Er mußte auch viel dafür leiden.
Vor aller Augen bricht er zusammen und muß »vor Schmerz unaufhörlich stöhnen« (21,11). Nur noch »mit Zittern und Beben« kann er sein Brot essen (12,17). Wochenlang muß er einseitig im

Bett liegen und kann sich nicht umwälzen (4,6ff). Gott macht ihn zeitweise stumm und löst seine Zunge nur, wenn er einen prophetischen Auftrag bekommt (3,26f).

Ezechiel nimmt seinen Dienst für Gott sehr genau. In den Kapiteln 4–24 sind die Drohreden gegen die Israeliten während der Belagerung Jerusalems gesammelt. Die Kapitel 25–32 wenden sich gegen die Völker, die Juda im Stich gelassen haben.

Nach der Zerstörung Jerusalems ändert sich die Botschaft Ezechiels radikal (33–39). Jetzt macht er seinem Volk Hoffnung und Mut:
»Wenn ein verbrecherischer Mensch anfängt, das Rechte zu tun, dann schaden ihm alle seine früheren Verbrechen nichts – sie können ihn nicht das Leben kosten« (33,12).
Ezechiel läßt Gott sprechen: »Ich selbst will jetzt nach meinen Schafen sehen und mich um sie kümmern. Wie ein Hirt seine Herde wieder zusammensucht, wenn sie auseinandergetrieben worden ist, so suche ich jetzt meine Schafe zusammen. Ich hole sie zurück von allen Orten, wohin sie an jenem unheilvollen Tag vertrieben wurden« (34,11f).
»Die Verirrten will ich suchen und die Versprengten zurückbringen. Ich will mich um die Verletzten und Kranken kümmern ... *Ich bin ihr Hirt und sorge für sie, wie es recht ist«* (34,16).

Dann folgen die wunderbaren Worte Gottes:
»Ich gebe euch ein neues Herz und einen neuen Geist. Ich nehme das versteinerte Herz aus eurer Brust und schenke euch ein Herz, das fühlt. *Ich erfülle euch mit meinem Geist* und mache aus euch Menschen, die nach meinem Willen leben, die auf meine Gebote achten und sie befolgen. Dann werdet ihr nie mehr aus dem Land vertrieben werden, das ich euren Vorfahren gegeben habe. Ihr werdet mein Volk sein, und ich werde euer Gott sein« (36,26ff).
Schon vorher verkündet Gott durch Ezechiel seinem Volk einen neuen Hirten und ein Reich des Friedens:
»Ich setze über meine Herde einen einzigen Hirten ein. Er wird sie

auf die Weide führen und so gut für sie sorgen wie einst mein Diener David« (34,23).
»Dann werden sie erkennen: Ich, der Herr, bin ihr Gott, der ihnen beisteht, und sie, die Israeliten, sind mein Volk. Ich, der Herr, sage es. Ihr seid meine Herde, für die ich sorge, und ich bin euer Gott« (34,30f).

In den Kapiteln 40–48 folgen die Beschreibungen des neuen Tempels, wie er nach der Rückkehr aus Babylon nach einer Vision des Ezechiel wieder aufgebaut werden soll. Wieder sieht der Prophet Gott in einer Vision:
»Dort sah ich die Herrlichkeit des Gottes Israels von Osten herankommen. *Sie tauchte die ganze Umgebung in strahlendes Licht*« (43,2).

Sein Hauptthema war die Heiligkeit Gottes und die Reinigung der Menschen:

»Ich hauche euch meinen Geist ein, damit ihr wieder lebt« (37,14).

»Ich befreie sie von ihrer Schuld und mache sie wieder rein« (37,23).

»Sie werden nach meinen Weisungen leben und meine Gebote befolgen« (37,24).

»Ich will bei ihnen wohnen und ihr Gott sein und sie sollen mein Volk sein« (37,27).

Wie Jeremia zählt auch Ezechiel, der zur gleichen Zeit gelebt hatte, zu den großen Vätern des Judentums.

(Lesezeit ca. 3¼ Stunden.)

Das Buch Daniel (Dan)

spielt in der Zeit der babylonischen Gefangenschaft. Es wurde aber erst viel später (vermutlich im 2. Jahrhundert v. Chr. zur Zeit der Judenverfolgungen unter Antiochus Epiphanes) geschrieben, um den verfolgten Juden anhand des Beispiels von Daniel und seinen drei Freunden Mut und Hoffnung zu machen.

Daniel – »Gott ist mein Richter« – wird mit drei guten Freunden an den Königshof von Babylon verbannt, um dort »in den Dienst des Königs zu treten« (Dan 1,5).

Die Kapitel 1–6 beschreiben die Erlebnisse Daniels und seiner Freunde am Königshof, die dort immer wieder ihren Glauben an den einen Gott unter Beweis stellen mußten.
Als die drei Freunde Daniels sich weigerten, das goldene Standbild des Königs anzubeten, wurden sie in einen glühenden Ofen geworfen, der *»siebenmal so stark aufgeheizt war wie sonst«,* so daß sogar die Männer, die sie zum Ofen schleppten, »von den herausschlagenden Flammen getötet wurden« (3,19. 22).
Doch ein Engel Gottes bewahrte die drei vor dem Feuertod: »Die Flammen hatten ihnen nicht den geringsten Schaden zugefügt« (3,27).

Eine ähnliche Rettung erfuhr Daniel, als man ihn wegen seiner Treue zu Gott in eine Grube warf, in der gefräßige Löwen auf ihn warteten.
»Ein Stein wurde auf die Öffnung der Grube gewälzt und mit dem Siegel des Königs und seiner höchsten Beamten versiegelt, damit niemand Daniel befreien und die Vollstreckung des Urteils verhindern konnte« (6,18).
Daniel aber durfte am nächsten Tag unversehrt die Grube verlassen: »Mein Gott sandte seinen Engel und verschloß den Löwen den Rachen, so daß sie mir nichts antun konnten . . . Er war völlig unverletzt geblieben, weil er seinem Gott vertraut hatte« (6,23f).

Die Kapitel 7–12 berichten von vier Visionen Daniels, in denen der Aufstieg und der Untergang der Weltreiche beschrieben werden.

Das Buch ist auch ein Hymnus auf die Treue Gottes:

»Immer von neuem hast du in der Vergangenheit deine Treue an uns erwiesen« (9,16).

»Wir vertrauen nicht auf unsere Leistungen, sondern allein auf dein großes Erbarmen« (9,18).

»Hab keine Angst! Gott liebt dich. Er meint es gut mit dir. Sei stark und mutig!« (10,19).

(Lesezeit ca. 50 Minuten.)

Das Zwölfprophetenbuch

vereinigt zwölf verschiedene Propheten, deren Schriften die Zeit vom 8. bis zum 4. Jahrhundert v. Chr. umfassen. Manche dieser Propheten wie *Amos, Micha* und *Hosea* hatten zu ihrer Zeit eine ähnliche Bedeutung für das Judentum wie Jesaja, Jeremia und Ezechiel.
Wie schon an anderer Stelle erwähnt, werden die zwölf Propheten auch kleine Propheten genannt, weil ihre Texte sich auf eine einzige Buchrolle schreiben ließen.

Das Buch Hosea (Hos)

wendet sich vor allem gegen Israels Götzendienst: Wie eine treulose Frau hat sich Israel verhalten und den Zorn Gottes hervorgerufen. Gott aber will dem Volk wieder vergeben:
»Ich will sie in die Wüste hinausführen und dort zu ihren Herzen sprechen« (Hos 2,16).
»Mein Brautgeschenk für dich sind meine Hilfe und mein Schutz, meine Liebe, mein Erbarmen und meine unwandelbare Treue« (2,21f).

Hosea – »Jahwe hat gerettet« – lebte zur Zeit Jesajas und Amos im 8. Jahrhundert v. Chr.

(Lesezeit ca. 35 Minuten.)

Das Buch Joël (Joel)

berichtet von einer großen Heuschreckenplage, durch die Gott Gericht hält über alle, die nicht auf ihn hören. Doch »da erwacht im Herrn die brennende Liebe für sein Land und das Erbarmen mit seinem Volk« (Joël 2,18).

»Ihr werdet erkennen, daß ich, der Herr, in eurer Mitte bin, daß ich euer Gott bin und sonst keiner. Nie mehr überlasse ich mein Volk der Schande« (2,27).

Das Buch ist um 400 v. Chr. entstanden. Über seinen Verfasser Joël – »Jahwe ist Gott« – wissen wir nichts mehr.

(Lesezeit ca. 15 Minuten.)

Das Buch Amos (Am)

wendet sich vor allem dem Thema Gerechtigkeit unter den Menschen zu. Amos verurteilt die Heuchelei und betont, daß Gottesdienste noch lange nicht gerechtes Handeln ersetzen:
»Der Herr sagt: ›Ich hasse eure Feste und kann eure Feiern nicht ausstehen. Eure Brandopfer und Speiseopfer sind mir zuwider; das gemästete Vieh, das ihr für das Opfermahl schlachtet, kann ich nicht mehr sehen.
Hört auf mit dem Geplärr eurer Lieder! Euer Harfengeklimper ist mir lästig! Sorgt lieber dafür, daß jeder zu seinem Recht kommt! Recht und Gerechtigkeit sollen das Land erfüllen wie ein Strom, der nie austrocknet‹« (Am 5,21–24).

Amos – »Träger« – war Hirte, bis der Herr ihn zum Propheten berief (1,1; 7,15). Sein Buch ist die erste und älteste Niederschrift von Worten eines Propheten. Er wirkte während der Regierungszeit Jerobeams II. (783–743 v. Chr.).

(Lesezeit ca. 30 Minuten.)

Das Buch Obadja (Obd)

ist die kürzeste Schrift des Alten Testaments. Es enthält nur 21 Verse und berichtet vom Strafgericht Gottes über die Edomiter.
Der Autor ist unbekannt. Sein Name bedeutet »Diener Jahwes«.

(Lesezeit ca. 5 Minuten.)

Das Buch Jona (Jona)

ist kein Geschichtsbericht, sondern eine humorvolle *Lehrerzählung*. Gott läßt Jona, der sich seinem Prophetenauftrag widersetzt hat, in einen Seesturm geraten. Von den Matrosen ins Meer ausgesetzt, wird Jona von einem großen Fisch verschlungen. »Drei Tage und drei Nächte lang war Jona im Bauch des Fisches« (Jona 2,1).

Den zweiten Aufruf Gottes befolgt nun Jona. Er geht nach Ninive und »die Leute wandten sich Gott zu und setzten ihre Hoffnung auf sein Erbarmen« (3,5).
Gottes Erbarmen aber ist dem Jona unverständlich. Da entlarvt Gott die Selbstsucht des Jona am Beispiel einer Rizinusstaude, die er in einer Nacht wachsen und in der nächsten wieder absterben läßt.

Jona war ein Prophet im 8. Jahrhundert v. Chr. Das Buch selbst dürfte erst um 400 v. Chr. entstanden sein.

(Lesezeit ca. 10 Minuten.)

Das Buch Micha (Mi)

geißelt die Ungerechtigkeiten der Führer, Priester und Propheten des Landes: Die die Macht haben, rauben, enteignen und unterdrücken rücksichtslos die Leute (Mich 2,1 f). Deshalb wird Gottes Gericht über Israel und Juda kommen.

Frieden und Segen aber gewährt Gott denen, die seine Bundesordnung befolgen. Micha faßt sie in dem schönen Satz zusammen: *»Der Herr hat euch wissen lassen, was er von euch erwartet! Achtet auf das Recht, erweist einander Gutes, tut nichts ohne euren Gott«* (6,8).

Micha – »Wer ist wie Jahwe?« – war ein Zeitgenossen Jesajas, Hoseas und Amos. Durch sein Buch weist er sich als einer der bedeutendsten Propheten aus.

(Lesezeit ca. 20 Minuten.)

Das Buch Nahum (Nah)

berichtet die Vision vom Untergang Ninives, der Hauptstadt des Assyrer-Reiches. »Weh der Stadt, die so viel Blut vergossen hat, die Meister ist in Lüge und Verstellung! Vollgestopft ist sie mit Raub und kann doch das Rauben nicht lassen. Ihr Untergang naht mit Peitschenknall und Rädergerassel« (Nah 3,1f).
»Jetzt bekommst du es mit mir zu tun, Ninive!« sagt der Herr der ganzen Welt. »Ich werde dich mit all deiner Pracht in Flammen aufgehen lassen« (2,14).

Nahum – der »Tröster« – lebte im 7. Jahrhundert v. Chr.

(Lesezeit ca. 10 Minuten.)

Das Buch Habakuk (Hab)

zeigt, daß Gottes Gerechtigkeit sich immer wieder durchsetzt, auch wenn der Herr nicht immer sofort eingreift.
»Wer das Recht mit Füßen tritt, geht zugrunde; aber wer mir die Treue hält und das Rechte tut, rettet sein Leben« (Hab 2,4).

Das Buch ist um 600 v. Chr. entstanden. Von Habakuk ist uns außer seinem Buch nichts bekannt.

(Lesezeit ca. 10 Minuten.)

Das Buch Zefanja (Zef)

wendet sich besonders an die führenden Männer Judas und seine Nachbarvölker. Es enthält Ankündigungen des Gerichtstags Gottes, Drohreden gegen die Feinde wie auch gegen Jerusalem und zum Ende eine Verheißung und einen Aufruf an Israel und Jerusalem:

»*Freue dich, Israel, jubelt, ihr Leute auf dem Zionsberg! Singt und jauchzt aus vollem Herzen, ihr Bewohner Jerusalems! Der Herr straft euch nicht länger, eure Feinde hat er weggejagt*« (Zef 3,14f).

»*Hab keine Angst ... der Herr, dein Gott, ist in deiner Mitte, er ist mächtig und hilft dir. Er hat Freude an dir, er droht dir nicht mehr, denn er liebt dich; er jubelt laut, wenn er dich sieht*« (Zef 3,16f).

Zefanja – »Jahwe schützt« – lebte um 600 v. Chr. in Juda.
(Lesezeit ca. 10 Minuten.)

Das Buch Haggai (Hag)

fordert nach der Rückkehr aus dem Exil die Juden zum Wiederaufbau des Tempels auf:
»Merkt ihr denn nicht, weshalb es euch so schlecht geht? Geht ins Gebirge, schlagt Holz und baut meinen Tempel! Daran habe ich Freude, damit ehrt ihr mich!« (Hag 1,7f).

Und Gott verheißt seine Hilfe:
»*Ich habe euch meine Hilfe zugesagt, als ihr aus Ägypten gezogen seid, und diese Zusage gilt auch jetzt noch. Ich bin mit der Kraft meines Geistes mitten unter euch, habt keine Angst!*« (Hag 2,5).
Haggai – »Festtagskind« – predigte um 520 v. Chr.

(Lesezeit ca. 8 Minuten.)

Das Buch Sacharja (Sach)

ruft die Bewohner Jerusalems zur Umkehr auf. In Visionen läßt Gott erkennen, daß er »voll brennender Liebe zu Jerusalem« ist (Sach 1,14), daß er selbst »für die Stadt eine feurige Mauer sein« wird (2,9), daß er kommt und »mitten unter ihnen wohnt« (2,14) und daß er schließlich »die Schuld des Landes an einem einzigen Tag wegnehmen« will (3,4.9).
Kapitel 8–10 berichten von dem großen Erbarmen und der Hilfe Gottes. Die letzten Kapitel sind Worte über das Gericht und den Messias.

Sacharja – »Jahwe hat sich erinnert« – war ein Zeitgenosse Haggais. Er predigte in Jerusalem um 518 v. Chr.
(Lesezeit ca. 35 Minuten.)

Das Buch Maleachi (Mal)

erinnert an Gottes Liebe, der sich über die Nachlässigkeit des Volkes beklagt:
»Überall auf der ganzen Erde werde ich verehrt ... ihr aber beleidigt mich« (Mal 1,11f).
»Ich komme zum Gericht und werde Klage erheben gegen alle, die mich nicht ehren: gegen Zauberer, Ehebrecher und Meineidige, gegen alle, die ihren Arbeitern den Lohn kürzen, Witwen und Waisen übervorteilen und den Fremden, die bei euch leben, ihr Recht verweigern« (3,5).

Verschonen aber wird der Herr, die ihm die Treue halten:
»Für euch aber, die ihr mir treu gewesen seid, wird an diesem Tag die Sonne aufgehen« (3,20).
Maleachi – »mein Bote« – ist uns unbekannt. Sein Buch entstand um 500 v. Chr.
(Lesezeit ca. 10 Minuten.)

DIE BÜCHER DES NEUEN TESTAMENTS

Botschaft Jesu

Während die Bücher des *Alten* Testaments von *Gott als dem Schöpfer und Herrn der Welt* berichten, von seinem Handeln und Wollen, verkündigen die Schriften des *Neuen* Testaments die *Botschaft von Jesus,* der als *Retter und Erlöser* zum Heil der Welt wird.

Jesus selbst hat seine Frohe Botschaft vom Reich Gottes nur mündlich verkündigt. Wir kennen von ihm keine schriftliche Aufzeichnung.
Auch die Apostel – »geht nun in die ganze Welt und verkündet allen das Evangelium« (Mk 16,15) – hatten die Botschaft Jesus nur mündlich weitergegeben.
Es vergeht eine ganze Generation, bis Markus um 70 n. Chr. das erste Evangelium niederschreibt.

Die Evangelien

sind nicht nur die wichtigsten Schriften des Neuen Testaments, sondern der Bibel überhaupt. Sie wollen keine historischen Bücher sein, die das geschichtliche Leben Jesu beschreiben. Sie sind vielmehr *Zeugnisse* vom *Wirken* und von der *Lehre* Jesu, der als Sohn Gottes und als *Messias* (Erlöser, Erretter) in unsere Welt kam.

»Eu-angelion«: *gute Nachricht* vom Wirken, vom Tod und von der Auferstehung Jesu Christi – das heißt von der Erlösung der Welt und von der Erlösung der Menschen –, das haben die Apostel mündlich in die Welt hinausgetragen und die *»Evangelisten«* haben diese *frohe Botschaft* später niedergeschrieben.

Die ersten Zeugnisse

über Jesus aber sind nicht die Evangelien, sondern die Briefe des Paulus, die dieser um 50/51 (1. Thessalonicher-Brief) bis 67/68 (Tod des Paulus in Rom) verfaßt hatte.
Schon um 96 kennt der 1. Klemensbrief eine erste Sammlung von Paulus-Briefen, ein *»Corpus Paulinum«,* in dem der Römerbrief, die Korintherbriefe, die Briefe an die Galater, Philipper und Hebräer zitiert werden.

Aus der Zeit um 120 ist ein Papyrusfragment mit Worten aus dem Johannes-Evangelium erhalten geblieben.

Der Kanon des Neuen Testaments

Um 150–175 gibt es in Rom bereits einen Kanon des Neuen Testaments: Er enthält 22 Schriften, darunter die 4 Evangelien, die Apostelgeschichte, die 13 Paulusbriefe sowie 1 Petrus-, 1 Johannes- und den Judas-Brief und die Geheime Offenbarung. Schon damals schrieb man den Hebräerbrief *nicht* Paulus zu.

Zur Zeit des Origines (um 225) kennt man alle 27 Schriften des Neuen Testaments.
367 legt Bischof Athanasius von Alexandrien endgültig die heutige Sammlung des Neuen Testaments in der griechischen und lateinischen Kirche durch eine Enzyklika fest und die Synode von Rom bestätigt 382: »Diese Ordnung der Schriften übernimmt und verehrt die heilige und katholische Kirche von Rom.«

Papst Innozenz I. teilt sie 405 in einem Brief an Bischof Exsuperius von Toulouse als »gültiges römisches Kanonverzeichnis« mit. Aus dieser Zeit sind uns auch die ältesten Handschriften des ganzen Neuen Testaments erhalten.

Das Evangelium nach Matthäus (Mt)

Die heutige Bibelforschung ist überzeugt davon, daß Matthäus und Lukas das Markus-Evangelium als Grundlage verwendet haben, als sie ihre eigenen Berichte niederschrieben. Denn in beiden Evangelien ist das Markus-Evangelium deutlich als Ausgangstext erkennbar.
Besonders Matthäus hält sich im Ablauf des öffentlichen Lebens von Jesus weithin an Markus. Hatte Markus mit nur 16 Kapiteln das kürzeste Evangelium geschrieben, so ergänzen Matthäus (28 Kapitel) und Lukas (24 Kapitel) ihre Berichte mit weiteren Überlieferungen von Worten und Reden Jesu, die sie beide teilweise wieder aus einer gemeinsamen Quelle beziehen, teilweise als eigenes Sondergut erfahren und verarbeitet haben. Daneben berichten sie von weiteren Taten Jesu.

Da das Markus-Evangelium um 70 n. Chr. geschrieben wurde und zwischen der Entwicklung des Markus- und des Matthäus-Evangeliums eine gewisse Zeitspanne erkennbar ist, kann das Matthäus-Evangelium frühestens um 80 n. Chr. entstanden sein.

Als Verfasser des Matthäus-Evangeliums kann der Apostel Matthäus nicht in Frage kommen. Wie sollte ein *Augenzeuge* aus der Zeit Jesu (Apostel!) den Bericht eines Nicht-Augenzeugen (Markus) als Grundlage genommen haben?
Als Augenzeuge hätte Matthäus wohl auch nicht den doppelten Bericht von der Speisung der 5000 (Mt 14,13) und der 4000 (Mt 15,32) aus Markus (6,30 und 8,1) übernommen. Hier hat Markus verschiedene mündliche Überlieferungen der gleichen Wundertat

Jesu als zwei verschiedene Ereignisse aufgefaßt. Lukas und Johannes vermeiden diesen Fehler und berichten nur von der Speisung der 5000 (Lk 9,10; Joh 6,1).

Eigenart des Matthäus-Evangeliums

Das Matthäus-Evangelium wurde wohl für *Juden*-Christen geschrieben, in dem Jesus vor allem als der *Messias* und *Lehrer* Israels herausgestellt wird, der die Verheißungen des Alten Testaments zur Erfüllung bringt.
Jesus ist für Matthäus der *Herr* und *Lehrer,* der zunächst »nur zu der verlorenen Herde, dem Volk Israel, gesandt worden« ist (Mt 15,24). Daher vermeidet es Matthäus auch – im Gegensatz zu den anderen Evangelisten –, *menschliche* Züge von Jesus zu schildern.

Das Matthäus-Evangelium gilt auch als das »kirchliche« Evangelium, weil Matthäus den Kirchengedanken deutlicher herausstellt als die anderen Evangelisten.
So hat Matthäus als einziger auch den Hinweis auf Petrus als den Fels der Kirche aufgenommen:
»Darum sage ich dir: Du bist Petrus; und auf diesen Felsen werde ich meine Kirche bauen! Kein Feind wird sie vernichten können, nicht einmal der Tod« (Mt 16,18).

(Lesezeit ca. 2½ Stunden.)

Das Evangelium nach Markus (Mk)

ist das älteste und kürzeste Evangelium. Sein Verfasser hat mit dem ersten Evangelienbericht eine völlig neue Literaturgattung eingeführt. Darauf verweist auch gleich der erste Satz: »Anfang des Evangeliums von Jesus Christus, dem Sohn Gottes« (1,1).

Markus ist wahrscheinlich Sekretär und Dolmetscher des Petrus gewesen und vermutlich mit dem in der Apostelgeschichte mehrfach erwähnten Johannes Markus identisch (Apg 12,12; 13,5.13; 15,37ff). Nach einem um 160 erschienenen Bericht schrieb Markus »nach dem Tod des Petrus« in Italien das Evangelium nieder. Auch Irenäus und Tertullian bestätigen dies.

Sein Evangelium wendet sich vor allem an *Heiden*-Christen, denen die jüdischen Sitten und Gebräuche erst erklärt werden mußten. Markus bringt weniger die Reden Jesu als Berichte über seine großen Taten. Die Bedeutung der Wunder Jesu nehmen einen breiten Raum ein.
Im Gegensatz zu Matthäus zeigt Markus auch den »menschlichen« Jesus: »*Voll Zorn* sah er sie der Reihe nach an. Zugleich war er *traurig* ...« (3,5). »Er bekam *Mitleid* ...« (6,34; 1,41), »sah ihn *voller Liebe an* ...« (10,21), konnte aber auch *»streng«* (1,43) und *»verwundert«* (6,6) sein.

(Lesezeit ca. 1½ Stunden.)

Das Evangelium nach Lukas (Lk)

hat wohl die schönsten Berichte des ganzen Neuen Testaments. Sein Verfasser war vermutlich Arzt, so daß er nicht nur die verschiedenen Krankheiten und Heilungen medizinisch korrekt berichten konnte. Lukas hat auch den heilenden Jesus und den barmherzigen Gott so gut wie kein anderer dargestellt:
Das Gleichnis vom verlorenen Sohn und dem barmherzigen Vater (15,11–32), die Geschichte von der Erweckung des toten Jünglings von Naïn (7,11–17) und das Beispiel vom barmherzigen Samariter (10,29–37) finden wir nur bei Lukas.

Lukas stellt Jesus als den Heiland der Welt, den Heilbringer, heraus. Sein Evangelium richtet sich vor allem an gebildete Leser,

die alles genauer nachlesen wollen. »Darum habe ich mich entschlossen, alles bis hin zu den ersten Anfängen sorgfältig zu erforschen und es . . . in guter Ordnung niederzuschreiben . . . damit du die Zuverlässigkeit der Lehre erkennen« kannst (1,3f). Vermutlich war der Verfasser des Lukas-Evangeliums derselbe, der Paulus auf seinen Reisen begleitete (Kol 4,14; 2 Tim 4,11; Phlm 24). Er ist gleichzeitig der Verfasser der *Apostelgeschichte.* Das Evangelium wurde vermutlich zwischen 80 und 90 von Lukas in Griechenland niedergeschrieben.
(Lesezeit ca. 2½ Stunden.)

Das Evangelium nach Johannes (Joh)

Das vierte Evangelium unterscheidet sich wesentlich von den drei synoptischen. Geht es Mt, Mk und Lk darum, von Jesu *Wirken* und Jesu *Lehre* zu berichten und stellen sie dabei Jesu *Ruf zur Umkehr* und zur Hinwendung an das Reich Gottes deutlich heraus, so will der Verfasser des Johannes-Evangeliums vor allem *den Sinn* des Lebens Jesu und die *Person* Jesu in den Vordergrund stellen:
»Was aber in diesem Buch steht, wurde aufgeschrieben, damit ihr daran festhaltet, daß *Jesus der Sohn Gottes* ist, der *versprochene Retter.* Wenn ihr euer Vertrauen auf ihn setzt, habt ihr *durch ihn das Leben«* (20,31).

Jesus ist »das Brot, das Leben schenkt« (6,35). Wer zu ihm kommt, »wird nie mehr hungrig sein« (6,35); wer Jesus vertraut, »wird keinen Durst mehr haben« (6,35). Seine Worte sind »vom Geist erfüllt und bringen das Leben« (6,63).
Jesus ist »das Licht der Welt«. Wer ihm folgt, »hat das Licht, das zum Leben führt, und wird nicht mehr im Dunkeln tappen« (7,12).

Jesus ist »die Türe für die Schafe«. Wer durch ihn »hineingeht, ist gerettet« (10,9).

Jesus ist gekommen, damit seine Schafe »das Leben haben, *Leben im Überfluß*« (10,10).

Gleichsam als Zeugnis dafür bringt das Johannes-Evangelium verschiedene Wunderberichte, die die Synoptiker nicht verzeichnet haben: Das Wein-Wunder von Kana (2,1–11), die Heilung eines Mannes am See Betesda, der »seit 38 Jahren krank war« (5,1–15), die Heilung eines Blindgeborenen (9,1–12) und die Auferweckung des Lazarus (11,1–44).

Jesus ist das Leben und Jesus bringt uns das Leben. Das ist auch die Kernaussage der wunderbaren Rede vom Weinstock und den Reben (15,1–8):
»Ohne mich könnt ihr nichts vollbringen« (15,5). Wer aber »in mir lebt, so wie ich in ihm, der bringt *reiche* Frucht« (15,5) und »wenn ihr mit mir vereint bleibt und meine Worte in euch lebendig sind, könnt ihr den Vater *um alles* bitten, was ihr wollt, und *ihr werdet es bekommen*« (15,7).
Welch große Verheißungen!

Das Evangelium des Johannes wurde erst in der Zeit zwischen 90 und 100 endgültig niedergeschrieben und seit Irenäus (um 180) »dem Jünger, der sich an die Brust Jesu gelehnt hatte« (21,20; 13,23.25) zugeschrieben.
Heute ist sich die Bibelforschung darüber nicht mehr sicher. Wir wissen nicht, wer es wirklich war. Es kann auch ein Johannes gewesen sein, der als »Ältester« in Ephesus missionierte. In jedem Fall ging der Niederschrift ein langer Prozeß des Nachdenkens und des Betens voraus.
Wegen seiner großen Tiefe – und nicht nur, weil der Heilige Geist eine bedeutende Rolle in diesem Evangelium spielt (3,5.34; 4,23 f; 6,63; 7,39; 14,15–26; 16,4–15; 20,22) – wird es auch das *pneumatische,* das geistliche Evangelium genannt.

(Lesezeit ca. 2 Stunden.)

Die Apostelgeschichte (Apg)

Wie bei den Evangelien findet man auch bei der Apostelgeschichte keinen lückenlosen Geschichtsbericht. Der Verfasser, der mit dem des Lukas-Evangeliums identisch ist (Apg 1,1), will vielmehr den Gläubigen Kraft und Sicherheit für ihren neuen Glauben schenken.
So berichtet er auch nicht von den »Taten der Apostel«, wie der Titel im griechischen Urtext heißt, sondern in erster Linie vom Wirken des Petrus und des Paulus.

Die Apostelgeschichte beginnt mit dem Bericht über die Urkirche in Jerusalem (1,4–8,3); ihm folgen Nachrichten aus der Kirche in Samarien und Judäa (8,4–12,25) mit der Bekehrungsgeschichte des Paulus (Kapitel 9) und der ersten Paulusreise (Kapitel 13 und 14). Nach dem Bericht über das Apostelkonzil (Kapitel 15) folgen ausschließlich Mitteilungen über die weiteren Missionsreisen des Paulus.
Aus den Kapiteln über die Urgemeinde in Jerusalem können wir viel über den Umgang mit den Mitmenschen lernen. Aus den Berichten über die Tätigkeiten des Petrus und des Paulus, aber auch des Philippus und der anderen Gefährten erhalten wir einen besonders guten Einblick, wie der Heilige Geist die Kirche und ihre Apostel leitet und führt. Die Zeit nach Jesu Auferstehung ist die Zeit des Heiligen Geistes.
Das wird nicht nur durch den Pfingstbericht (Kapitel 2) sehr deutlich. Immer wieder greift der Geist Gottes spürbar führend und stärkend in das Leben der Apostel ein.
»Was ihr hier seht und hört, das sind die Wirkungen dieses Geistes« (2,33).

Verfaßt vom Evangelisten Lukas in der Zeit zwischen 80 und 90, vielleicht auch erst einige Jahre später.

(Lesezeit ca. 2½ Stunden.)

Die paulinischen Schriften

Paulus – vermutlich um 5–10 n. Chr. in Tarsus (Kleinasien) geboren – war ein frommer Jude, der voller Eifer die Christen bekämpfte. Er war guten Glaubens, damit Gott und seiner jüdischen Religion einen großen Dienst zu erweisen, bis ihm auf dem Weg zur Christenverfolgung in Damaskus (um 32/33) der Sohn Gottes erschien:
»Kurz vor der Stadt umstrahlte ihn plötzlich ein Licht vom Himmel. Er stürzte zu Boden und hörte eine Stimme: ›Saul, Saul, warum verfolgst du mich?‹ ›Herr, wer bist du?‹ fragte er. ›Ich bin Jesus, den du verfolgst‹, sagte die Stimme. ›Steh nur auf und geh in die Stadt! Dort wirst du erfahren, was du tun sollst.‹« (Apg 9,3–6).

Diese persönliche Begegnung mit Jesus Christus wurde zum entscheidenden Eingriff in das Leben des Paulus, der im übrigen schon seit seiner Geburt den lateinischen Namen Paulus neben seinem jüdischen Namen Saulus trug.
Vom »Heiligen Geist erfüllt« (Apg 9,17) lernte Paulus in Damaskus und in der Einsamkeit mehrerer Jahre in Arabien (Gal 1,17) die Lehre Jesu Christi kennen, deren größter Botschafter er einmal werden sollte.
Über die Missionsreisen des Paulus berichtet Lukas in der Apostelgeschichte (13–28). Paulus selbst erzählt mehrmals in seinen Briefen davon.

Entstehung und Ursprung

Die paulinischen Schriften sind noch vor den Evangelien verfaßt worden. Bereits um 50/51 schrieb Paulus in Korinth den 1. Brief an die Thessalonicher (1 Thess). Das war seine erste Schrift, der viele weitere folgen sollten.
Die derzeitige Form der Paulus-Briefe hat sich erst später durch redaktionelle Zusammenfassungen ergeben. So wissen wir heute,

daß zum Beispiel der 2. Korinther-Brief ursprünglich wohl aus mehreren Einzelbriefen bestand.

Die heutige Bibelforschung schreibt verschiedene Briefe nicht Paulus persönlich, sondern Schülern von ihm oder anderen Verfassern zu. Folgende Erkenntnis hat sich herausgebildet:
Als »sicher echt« von Paulus gelten *die vier großen Paulinen:* Der Brief an die Römer (Röm), die beiden Briefe an die Korinther (1 Kor; 2 Kor), der Galater-Brief (Gal).
Ferner gelten als »sicher echt«: Der Brief an die Philipper (Phil); der 1. Thessalonicher-Brief (1 Thess) und der Brief an Philemon (Phlm).
Als »wahrscheinlich echt« gelten der Kolosser-Brief (Kol) und der 2. Thessalonicher-Brief (2 Thess). »Zum Teil umstritten« bezüglich der Autorenschaft sind der Brief an die Epheser (Eph), die beiden an Timotheus (1 Tim, 2 Tim), sowie der Brief an Titus (Tit).
»Mit Sicherheit nicht von Paulus« ist der Brief an die Hebräer (Hebr), der sich durch seinen Stil sowie die vielen Zitate des Alten Testaments deutlich von den übrigen Paulus-Briefen abhebt.
Neben der Bezeichnung *»Große Paulinen«* (groß wegen ihrer Länge) kennen wir noch die *»Kleinen Briefe«* (1 + 2 Thess), sowie die *»Gefangenschafts-Briefe«* und die *»Pastoralbriefe«*.
Als »Gefangenschafts-Briefe« werden die Briefe an die Epheser, an die Philipper, an die Kolosser sowie an Philemon bezeichnet, weil sie nach eigenen Angaben des Paulus in einer Gefangenschaft geschrieben wurden.
Als »Pastoralbriefe« gelten die Briefe an Timotheus und Titus, da sie an Seelsorger (pastores) gerichtet sind und pastorale Weisungen enthalten.
Die Reihenfolge der Paulus-Briefe in der Bibel wurde nach ihrer Länge, nicht nach ihrer Entstehungszeit oder ihrer Bedeutung festgelegt.

Die Lehre des Paulus

Die paulinischen Schriften sind von zentraler Bedeutung für das ganze Neue Testament. Durch Paulus finden wir Antwort auf manche Fragen, die die Evangelien noch offen lassen.

Paulus lehrte, daß wir Menschen *nur durch unser Vertrauen auf die Gnade und die Liebe Gottes* gerettet werden können und nicht durch unser Verdienst:
»Menschen aus den anderen Völkern sind von Gott angenommen worden, obwohl sie sich nicht darum bemüht hatten. Gott hat sie angenommen, weil sie sich ganz auf ihn verließen. Das Volk Israel aber, das sich abmühte, durch Befolgung des Gesetzes vor Gottes Urteil zu bestehen, hat dieses Ziel nicht erreicht. Warum nicht? Weil sie Gott nicht bedingungslos vertrauten, sondern durch ihr eigenes Tun vor ihm bestehen wollten« (Röm 9,30ff).
»Wir wissen, daß niemand vor Gott bestehen kann mit dem, was er tut. Nur der findet Gottes Anerkennung, der sein Gnadenangebot annimmt und auf Jesus Christus vertraut. Deshalb haben auch wir unser Vertrauen auf Jesus Christus gesetzt, damit wir aufgrund dieses Vertrauens die Anerkennung Gottes finden und nicht aufgrund der Erfüllung des Gesetzes; denn durch die Befolgung des Gesetzes kann kein Mensch vor Gott bestehen« (Gal 2,16).

Leiden und Gnade

Paulus hat diese Lehre auch selbst gelebt. Als Zeltmacher von Beruf hat er das große Wagnis gefährlicher Missionsreisen in ferne, unbekannte Länder auf sich genommen, um die Botschaft von der Erlösungstat Christi zu verkünden:
»Ihr sollt wissen, daß ich in Asien *in einer ausweglosen Lage* war. Die Last, die ich zu tragen hatte, war so groß, daß es über meine

Kraft ging. Ich hatte keine Hoffnung mehr, mit dem Leben davonzukommen. Ich fühlte mich wie einer, der sein Todesurteil empfangen hat. Aber das geschah, damit ich nicht auf mich selbst vertraue, sondern mich allein auf Gott verlasse, der die Toten lebendig macht. Und tatsächlich hat er mich vor dem sicheren Tod gerettet. Er wird es auch in Zukunft tun. Ich setze meine Hoffnung auf ihn: Er wird mich wieder retten« (2 Kor 1,8 ff).

Paulus läßt sich nie »von menschlicher Klugheit leiten, sondern von der Gnade Gottes« (2 Kor 1,12).
Und wenn er auch »unbeschreibliche Dinge schauen« darf, so hat Gott ihm doch ein schweres Leiden zusätzlich zur Last der Reisen gegeben, damit Paulus »nicht überheblich« wird (2 Kor 12,7). Gott läßt ihn wissen:
»Du brauchst nicht mehr als meine Gnade. Je schwächer du bist, desto stärker erweist sich meine Macht an dir« (2 Kor 12,9).

Auf diese Gnade Gottes hat Paulus sich allein verlassen und durch und mit der Gnade des Herrn wurde Paulus zum großen Völkerapostel, der nicht nur den Menschen seiner Zeit, sondern auch noch den Menschen des 20. Jahrhunderts die Botschaft vom neuen Leben in Jesus Christus verkündet:

»Wer zu Christus gehört, ist ein neuer Mensch geworden. Was er früher war, ist vorbei; etwas ganz Neues hat begonnen. Das hat Gott getan« (2 Kor 5,17 f).

»Gott hat uns nicht dazu bestimmt, daß wir seinem Strafgericht verfallen, sondern daß wir durch Jesus Christus, unseren Herrn, gerettet werden« (1 Thess 5,9).

»Ihn hat Gott vor aller Welt als Versöhnungszeichen aufgerichtet. Sein Blut, das am Kreuz vergossen wurde, bringt Frieden mit Gott für alle, die dieses Angebot in Vertrauen annehmen« (Röm 3,25 f).

Der Brief an die Römer (Röm)

Paulus schrieb den Brief an die Römer um 56/58 in Korinth, als er seine Tätigkeit im Ostteil des römischen Reiches für beendet sah und sich nun Rom und Spanien zuwenden wollte.
Der Römerbrief ist nicht nur der längste, sondern auch der bedeutendste und wichtigste Brief des Paulus. Man hat ihn auch »das Testament des Paulus« genannt, weil der Völkerapostel darin ausführlich darlegt, wie er die Lehre und das Leben und Sterben Jesu Christi versteht.
Paulus zeigt, daß kein Mensch aus sich heraus vor Gott bestehen kann (3,9–20) und daß wir alle der Erlösung durch Jesus Christus bedürftig sind, die wir dann erhalten, wenn wir uns Gott ganz anvertrauen (3,21–4,25). Hier finden wir auch das schöne Kapitel (4) über Abraham, der »der Zusage Gottes vertraute und so Gottes Anerkennung fand« (4,3). Denn »Gott steht zu seinen Zusagen, auch wenn kein Mensch ihm treu bleibt« (3,4)!

Paulus sagt uns, wie wir bei Gott Vergebung und durch Jesus Christus zu einem neuen Leben finden (5–8). »Keiner braucht mehr das Strafgericht Gottes zu fürchten, der sich an Jesus Christus hält« (8,1). »Denn unser Leben wird jetzt vom Geist Gottes bestimmt und nicht mehr von unserer selbstsüchtigen Natur« (8,4).

»Gott ist auf unserer Seite, wer kann uns dann noch etwas anhaben?« (8,31).

Die Kapitel 9–11 beschreiben die Rettung Israels. In den Kapiteln 12–15 zeigt Paulus auf, wie wir unser Leben aus dem Glauben gestalten sollen:

»Stellt euer ganzes Leben Gott zur Verfügung!« (12,1).

»Laßt euch im Innersten von Gott umwandeln. Laßt euch eine neue Gesinnung schenken« (8,2).

»Wer den anderen liebt, hat den Willen Gottes erfüllt« (13,8).

(Lesezeit ca. 1¼ Stunden.)

Der erste Brief an die Korinther (1 Kor)

Die christliche Gemeinde in Korinth, einer griechischen Hafenstadt mit Menschen aus vielen Ländern, hatte Paulus auf seiner 2. Missionsreise gegründet, während der er 18 Monate in der Stadt weilte (um 50/51). Wenige Jahre später schreibt er aus Ephesus (um 53/55) diesen Brief, um verschiedene Fragen der jungen Gemeinde zu beantworten und um Fehlentwicklungen und Spaltungen entgegenzuwirken.

Die Botschaft vom Kreuz, »die alle rettet, die diese Botschaft annehmen« (1,21) steht zu Beginn seines Briefes, den er mit der Freudennachricht von Jesu Auferstehung beschließt:
»Christus ist vom Tod erweckt worden, und das gibt uns die Gewähr dafür, daß auch die übrigen Toten auferstehen werden« (15,20).

Dazwischen finden wir Aussagen über das Wirken des Heiligen Geistes (2,6–16) und über die Geistesgaben (Kapitel 12 und 14), über die Moral und das Familienleben (Kapitel 5–7) und über die Feier des Gottesdienstes (Kapitel 11).

Alle Aussagen aber werden überragt und erhellt durch das einmalig schöne Kapitel 13, das große Lied – und wohl schönste Kapitel – des Paulus über die Liebe:

»Ich zeige euch jetzt etwas, das noch weit wichtiger ist als alle diese Fähigkeiten:
Wenn ich die Sprache aller Menschen spräche und sogar die Sprache der Engel kennte, aber ich hätte keine Liebe –, dann

wäre ich doch nur ein dröhnender Gong, nicht mehr als eine lärmende Pauke« (12,31; 13,1).

»Und wenn ich all meinen Besitz verteilte und nähme den Tod in den Flammen auf mich, aber ich hätte keine Liebe –, dann wäre es alles umsonst« (13,3).

»Wer liebt, ist geduldig und gütig. Wer liebt, der ereifert sich nicht, er prahlt nicht und spielt sich nicht auf« (13,4).

»Auch wenn alles einmal aufhört – Glaube, Hoffnung und Liebe nicht. Diese drei werden immer bleiben; doch am höchsten steht die Liebe« (13,13).

(Lesezeit ca. 1 Stunde.)

Der zweite Brief an die Korinther (2 Kor)

enthält neben dem Philipper-Brief wohl die persönlichsten Aussagen, die Paulus jemals an eine Gemeinde gerichtet hat.
Man hat Paulus vorgeworfen, er sei gar kein echter Apostel und er verkünde eine falsche Botschaft. Davon ist Paulus »sehr bedrückt und niedergeschlagen« und »unter Tränen« (2,4) setzt er sich zur Wehr.
Ausführlich rechtfertigt Paulus seine Lehre und sein Verhalten:
»Ich traue mir soviel zu, weil Gott mich durch Christus dazu fähig macht« (3,4).
»Gott hat ... mir diesen Auftrag anvertraut. Darum verliere ich nicht den Mut« (4,1).

Paulus tut alles für die Verkündigung des Evangeliums:
»Keiner soll an meinem Verhalten Anstoß nehmen können« (6,3).

In seiner Rechtfertigung zeigt er gleichzeitig auf, wie ein wirklicher Christ leben und handeln soll (Kapitel 6).

Ausführlich setzt er sich mit den falschen Aposteln auseinander (Kapitel 11) und endet mit dem, was er vorzuweisen hat: »Wenn ich schon prahlen muß, will ich mit meiner Schwäche prahlen« (11,30).

»Jetzt trage ich meine Schwäche gern, ja ich bin stolz darauf, damit die Kraft Christi sich an mir erweisen kann. Weil er mir zu Hilfe kommt, freue ich mich über mein Leiden, über Mißhandlungen, Notlagen, Verfolgungen und Schwierigkeiten. Denn gerade wenn ich schwach bin, bin ich stark« (12,9f).

Wie schon erwähnt, glaubt die heutige Bibelforschung, daß dieser Brief ursprünglich aus mehreren Einzelbriefen bestanden hat. Man unterscheidet heute neben weiteren Einzelbriefen den »Tränenbrief« (10,1–13,10), den »Versöhnungsbrief« (1,3–2,13; 7,5–16), den ersten (Kapitel 8) und den zweiten Kollektenbrief (Kapitel 9). Geschrieben wurden sie um 56/57.

(Lesezeit ca. 40 Minuten.)

Der Brief an die Galater (Gal)

Einige Jahre nach der Gründung christlicher Gemeinden in Galatien – Paulus war um 50 das erste Mal in dieser Landschaft im Inneren Kleinasiens – wird der Völkerapostel durch Nachrichten aufgeschreckt: Fremde Missionare vertreten ein extremes Judenchristentum und verbreiten Irrlehren.
So fühlt sich Paulus gedrängt – um 53/55 von Ephesus aus – den Galatern, »die Gott zu einem Leben in der Gnade berufen hat, aber schon nach kurzer Zeit ihm den Rücken kehren« (1,6) einen Brief zu schreiben, der dem Brief an die Römer in manchem ähnlich ist.

Nicht die Erfüllung des Gesetzes und die Durchführung der Beschneidung, wie die Irrlehrer behaupten, bringt die Rettung: »Es ist aber unmöglich, daß jemand das Gesetz befolgen und dadurch vor Gott bestehen kann« (3,11).
»Wir wissen, daß niemand vor Gott bestehen kann mit dem, was er tut. Nur der findet bei Gott Anerkennung, der Gottes Gnadenangebot annimmt und auf Jesus Christus vertraut« (2,16).
Allein »wer Gott vertraut, kann vor ihm bestehen und wird leben« (3,11).
»Seit Christus gekommen ist, zählt nicht mehr, ob einer beschnitten ist oder nicht« (5,6), das heißt: ob einer das ganze Gesetz halten will, was ja doch keiner kann (5,2ff).

»Es zählt nur noch das Vertrauen, das sich in tätiger Liebe zeigt« (5,6).

Das ist die große Botschaft des Paulus, die in diesem kurzen Galater-Brief so deutlich zum Ausdruck kommt: Vertrauen und Liebe!

»Wenn aber der Geist Gottes euer Leben bestimmt, dann steht ihr nicht mehr unter dem Zwang des Gesetzes« (5,18).
»Einer soll dem anderen helfen, seine Last zu tragen. So erfüllt ihr das Gesetz Christi« (6,2).
(Lesezeit ca. 30 Minuten.)

Der Brief an die Epheser (Eph)

Wie die Briefe an die Philipper, die Kolosser und an Philemon zählt auch der Brief an die Epheser zu den *Gefangenschaftsbriefen*. Nach der herkömmlichen Auffassung hat ihn Paulus vermutlich aus seiner römischen Gefangenschaft um 60/63 geschrieben. Andere Bibelforscher glauben, daß ein Paulus-Schüler diesen Brief um 70 geschrieben hat, da er in Sprache, Stil und Gedankenführung von den anderen Briefen abweicht und eher einer Predigt ähnlich ist.

Lobpreis und Fürbitte stehen zu Beginn dieses Briefes, der neben klaren Anweisungen zum sittlichen Verhalten (4–6) die wichtigsten Aussagen des ganzen Neuen Testaments über die Kirche enthält: »Von ihm her wird der ganze Leib – die Kirche Christi – zu einer Einheit zusammengefügt und durch verbindende Glieder zusammengehalten und versorgt. Jeder einzelne Teil erfüllt seine Aufgabe, und so wächst der ganze Leib und baut sich durch die Liebe auf« (4,16).

»Jetzt seid ihr im Licht, weil ihr mit dem Herrn verbunden seid. Lebt nun auch als Menschen, die im Licht stehen!« (5,8).

(Lesezeit ca. 25 Minuten.)

Der Brief an die Philipper (Phil)

Die Gemeinde von Philippi in Ostmazedonien war die erste christliche Gemeinde in Europa, die Paulus um 50 gegründet hat. Mit ihr fühlte er sich besonders verbunden. Anlaß seines Briefes – um 55/56 in Ephesus – war der Dank für eine Geldspende (2,25; 4,14.18) – Philippi war die einzige Gemeinde, von der Paulus sich unterstützen ließ – und ein Bericht über seine Situation in der Gefangenschaft (1,12ff; 2,23).

Paulus will die Gemeinde stärken: »Ich bin ganz sicher: Gott wird sein Werk, das er bei euch angefangen hat, auch vollenden« (1,6) und ihr Einblick in sein Leben und sein Vertrauen auf Christus geben (1,12–30).
Die Gemeinde ruft er zu Liebe und Eintracht auf: »Verfolgt alle dasselbe Ziel. Handelt nicht aus Selbstsucht oder Eitelkeit!« (2,3).

Vor allem aber: *»Freut euch immerzu, weil ihr mit dem Herrn verbunden seid ... Macht euch keine Sorgen, sondern wendet euch in jeder Lage an Gott ... Tut es mit Dank für das Gute, das er euch schon erwiesen hat«* (4,4.6).

(Lesezeit ca. 20 Minuten.)

Der Brief an die Kolosser (Kol)

zählt zu den Gefangenschaftsbriefen. Man ist sich nicht ganz sicher, ob er von Paulus selbst um 60/63 geschrieben wurde oder erst später von einem »Schüler« des Paulus, vielleicht dem Timotheus. Die Stadt Kolossä lag in Phrygien, im westlichen Kleinasien und wurde von Epaphras, einem Schüler und Beauftragten des Paulus, missioniert (1,7f; 4,12f). Paulus selbst war nie in Kolossä.

Anlaß für den Kolosser-Brief ist das Aufkommen einer Irrlehre über Christus. Deshalb stellt der Verfasser die Einmaligkeit von Jesus Christus besonders heraus:

»Er ist das Bild des unsichtbaren Gottes ... Alles hat Gott durch ihn geschaffen ... Er ist der Anfang der neuen Schöpfung« 1,15ff). »Christus ist Herr über alle Mächte und Gewalten. In ihm wohnt Gott mit der ganzen Fülle seines Wesens« (2,9f).

Der zweite Teil enthält klare Weisungen für ein neues Leben mit Christus:

»Ihr seid mit Christus zum Leben erweckt. Richtet euch also nach oben aus, wo Christus ist« (3,1).

»Der Frieden, den Christus schenkt, soll euer ganzes Denken und Tun bestimmen« (3,15).

(Lesezeit ca. 20 Minuten.)

Der erste Brief an die Thessalonicher (1 Thess)

ist das älteste Dokument im Neuen Testament. Paulus schrieb ihn in Korinth um 51/52 an die von ihm um 50 gegründete Gemeinde in der Hauptstadt Mazedoniens. Er mußte seinerzeit überstürzt abreisen (Apg 17,1–10). So faßt er seine seelsorglichen Anliegen in diesem Brief zusammen:

»Der Herr lasse eure Liebe zueinander und zu allen Menschen wachsen und überströmen, so daß sie so stark wird wie unsere Liebe zu euch« (3,12).

»Gott will, daß ihm euer ganzes Leben gehört« (4,3).

In den abschließenden Kapiteln ruft Paulus zur Wachsamkeit und gegenseitigen Hilfe auf:
»Weil wir nun nicht mehr in der Nacht oder der Dunkelheit leben, sollen wir auch nicht schlafen wie die anderen, sondern wach und nüchtern sein« (5,5f).
»Macht euch also gegenseitig Mut! ... Lebt in Frieden miteinander! ... Freut euch immerzu! Laßt nicht nach im Beten. Dankt Gott in jeder Lebenslage« (5,11.13.16ff).

(Lesezeit ca. 15 Minuten.)

Der zweite Brief an die Thessalonicher (2 Thess)

ist eine Mahnung, im Glauben nicht nachzulassen und sich »nicht so rasch verwirren oder erschrecken zu lassen durch die Behauptung, der Tag, an dem der Herr kommt, stehe unmittelbar bevor« (2,2). In der falschen Hoffnung, daß Jesus schon bald wiederkommen würde, haben manche einfach die Arbeit aufgegeben:
»Nun hören wir, daß es einige unter euch gibt, die ein ungeregeltes Leben führen. Sie arbeiten nicht, sondern treiben sich unnütz

herum. Wir ermahnen sie im Namen des Herrn Jesus Christus mit allem Nachdruck, daß sie einer geregelten Arbeit nachgehen« (3,11f).
»Euch allen aber sage ich: Werdet nicht müde, das Gute zu tun! Wenn jemand den Anweisungen in diesem Brief nicht folgen will, so merkt ihn euch und geht ihm aus dem Weg, damit er sich schämt. Behandelt ihn aber nicht wie einen Feind, sondern ermahnt ihn als Bruder« (3,13ff).

(Lesezeit ca. 10 Minuten.)

Der erste Brief an Timotheus (1 Tim)

zählt wie der zweite und der Titus-Brief zu den *Pastoralbriefen,* die wahrscheinlich von einem »Schüler« des Paulus selbst geschrieben waren. Der Verfasser wendet sich hier an einzelne Hirten der Gemeinde (pastores), um ihnen klare Regeln für ihr Amt, aber auch für ihre Lebensführung aufzustellen.

So warnt der 1. Timotheus-Brief vor falschen Lehren (1,3–11; 4,1ff) und gibt Anweisungen für den Gottesdienst in der Gemeinde (Kapitel 2) und für die Gemeindeleiter und ihre Helfer (3,1–13; 5,17–25). Der Anfang des Kapitel 5 (3–16) wendet sich den »Witwen«, einer karitativen Gemeinschaft, und ihren Aufgaben zu. Abschließend ermahnt der Verfasser:

»Du aber stehst im Dienst Gottes ... Bemühe dich um Gerechtigkeit, Gottesfurcht, Glauben, Liebe, Geduld und Freundlichkeit ... Zu diesem Leben hat Gott dich berufen« (6,11f.)

(Lesezeit ca. 20 Minuten.)

Der zweite Brief an Timotheus (2 Tim)

beginnt mit einer Ermutigung und er ermahnt dann, sich Christus immer vor Augen zu halten (2,8) und stets mit ihm verbunden zu bleiben (2,11 ff).
Im 3. Kapitel beschreibt er Zeichen der Zeit, die dem Ende der Welt vorausgehen und verweist auf die Bedeutung der heiligen Schriften:
»Du kennst seit deiner Kindheit die heiligen Schriften. Sie können dir helfen, den Weg zur Rettung zu gehen, der uns durch das Vertrauen auf Jesus Christus eröffnet ist. Alles, was in den heiligen Schriften steht, ist von Gottes Geist eingegeben und verhilft dazu, den Willen Gottes zu erkennen, die eigene Schuld einzusehen, sich Gott wieder zuzuwenden und ein Leben zu führen, das ihm gefällt. So trägt es dazu bei, daß der Mensch, der sich Gott zur Verfügung gestellt hat, zu allem Guten fähig wird« (3,15 ff).

(Lesezeit ca. 15 Minuten.)

Der Brief an Titus (Tit)

enthält im 1. Kapitel Anweisungen für einen Gemeindeleiter, wie dieser sein persönliches Leben führen soll. Im 2. und 3. Kapitel gibt er Beispiele für die Ermahnung der Gemeinde.
»Wir haben uns doch losgesagt von jedem Ungehorsam gegen Gott und von unseren selbstsüchtigen Wünschen, damit wir nun mitten in dieser Welt ein Leben führen in Selbstbeherrschung, in Liebe zu den Menschen und in Ehrfurcht vor Gott ... In diesem Sinn sollst du lehren und zurechtweisen« (2,12.15).

(Lesezeit ca. 10 Minuten.)

Der Brief an Philemon (Phlm)

besteht nur aus einem Kapitel. Paulus verwendet sich bei seinem Mitarbeiter für Onesimus, einen Sklaven, der im Dienst des Philemon steht und den Paulus im Gefängnis zum Glauben geführt hat (1,10):
»So wurde er mein Sohn ... Ich schicke ihn jetzt zu dir zurück ... Nimm ihn auf, als ob ich es wäre« (1,10.12.17).

(Lesezeit ca. 5 Minuten.)

Der Brief an die Hebräer (Hebr)

steht am Ende der paulinischen Schriften im Neuen Testament, weil er zunächst Paulus zugeschrieben war. Man kennt den Verfasser nicht, glaubt aber, daß es sich um einen gebildeten Juden-Christen gehandelt haben muß, der sich im Alten Testament gut auskennt, über einen reichen Wortschatz verfügt und den sprachlich besten Brief des Neuen Testaments geschrieben hat. Im Gegensatz zu Paulus, der zu Beginn immer die Lehre und zum Schluß seine Ermahnungen brachte, folgen beim Hebräerbrief Lehre und Ermahnung mehrmals hintereinander.

Christus ist der Sohn Gottes, »alle Engel Gottes sollen sich vor ihm niederwerfen« (1,6), Gott – »der das Ziel aller Dinge ist« (2,10) – hat »ihm alles unterworfen« (2,8).
»Jesus gehört nicht zu denen, die kein Verständnis für unsere Schwächen haben. Im Gegenteil, er wurde genau wie wir auf die Probe gestellt« (4,15).

So ist der Hebräerbrief ein großes Loblied auf Jesus Christus, der uns errettet hat; der unser oberster Priester ist und uns den Neuen Bund mit Gott durch sein einmaliges Opfer vermittelt hat (Kapitel 7–10).

Das 11. Kapitel zeigt an vielen Beispielen, daß es allein auf das Vertrauen zu Gott ankommt:
»Weil Abel sich auf Gott verließ, konnte er vor ihm bestehen« (11,4).
Weil Henoch, weil Noach, weil Abraham, weil Isaak, weil Jakob, weil Josef, weil die Eltern von Mose, weil Mose selbst, weil Rahab, weil Gideon, Barak, Simson, Jiftach, David, Samuel und die Propheten *Gott vertrauten, »erlebten sie, daß Gott seine Zusagen erfüllt«* (11,33).

»Weil sie Gott vertrauten, ... kämpften sie gegen Königreiche und siegten ... Sie hielten Löwen das Maul zu und löschten glühendes Feuer. Sie entgingen dem gewaltsamen Tod. Sie waren schwach und wurden stark. Sie kämpften ... wie Helden ..., sahen ihre Toten lebendig wieder« (11,33ff).

Mit einer großen Ermahnung zur Gastfreundschaft, zur Achtung der Ehe, zur Zufriedenheit und zum Dank gegen Gott schließt der Hebräerbrief:
»Durch Jesus wollen wir Gott in jeder Lebenslage Dankopfer darbringen; das heißt: wir wollen uns mit unserem Beten und Singen zu ihm bekennen. Vergeßt nicht Gutes zu tun und euch gegenseitig zu helfen. *Das sind die Opfer, die Gott Freude machen«* (13,15f).

(Lesezeit ca. 50 Minuten.)

Die katholischen Briefe

sind im Gegensatz zu den paulinischen Schriften nicht nach ihren Empfängern benannt, sondern nach den als Absender angegebenen oder vermuteten Verfassern. Da sie sich meistens gegen

Irrlehren wenden und Probleme des Glaubens behandeln, berufen sie sich dabei – einem Brauch des Altertums entsprechend – auf eine angesehene Autorität der Kirche, um ihre Aussagen durch die kirchliche Tradition zu unterbauen.

Der Brief des Jakobus (Jak)

stammt nicht von dem Apostel Jakobus. (In der Anrede fehlt auch der Hinweis auf den Aposteltitel.) Er wird eher dem »Bruder Jakobus« (Mk 6,3) zugeschrieben, der später nach dem Weggang der Apostel der Leiter der Jerusalemer Urgemeinde wurde (Apg 12,17).

Der Jakobusbrief tröstet die armen, unterdrückten und die in Versuchung geratenen Christen (1,9–18). Nachdrücklich weist er darauf hin (2,14–26), daß der Glaube sich durch gute Taten bezeugt:
»Genau wie der menschliche Leib ohne den Atem tot ist, so ist auch der Glaube ohne entsprechende Taten tot« (2,26).

Das köstliche Kapitel 3 über die Gewalt der kleinen Zunge sollten Sie selbst lesen! Schon vorher verweist der Brief auf die Bedeutung von hören und reden:
»Jeder soll stets bereit sein zu hören, aber sich Zeit lassen, bevor er redet . . . Wenn sich jemand einbildet, er ehre Gott, aber seine Zunge nicht im Zaum halten kann, ist seine ganze Frömmigkeit wertlos« (1,19.26).

(Lesezeit ca. 20 Minuten.)

Der erste Brief des Petrus (1 Petr)

»Petrus, der Apostel Jesu Christi, schreibt diesen Brief an alle Christen ...« (1,1).
Hier ist der Verfasser-Hinweis auf den Apostel unmittelbar in der Anschrift des Briefes angegeben. Petrus schreibt aus »Babylon« (5,13), eine jüdische und judenchristliche Bezeichnung für das heidnische Rom, wo Petrus um 64 oder 67 unter Kaiser Nero hingerichtet wurde.

Zu Beginn weckt Petrus die Hoffnung auf eine herrliche Zukunft, »auch wenn ihr jetzt für eine kurze Zeit leiden müßt und auf die verschiedensten Proben gestellt werdet. Das geschieht nur, damit euer Vertrauen auf Gott sich bewähren kann« (1,6f).
»Doch unsere Hoffnung hat ihren festen Grund darin, daß Jesus Christus vom Tod auferstanden ist« (1,3).

So ruft Petrus auch alle Christen zu einem neuen Leben auf, das Gott gefällt: »Ihr seid doch *neue Menschen* geworden ... *durch das Wort Gottes,* das lebt und *für immer* bestehen bleibt« (1,23).

Christus ist der lebendige Stein (2,4), der zum Felsblock geworden ist, an dem alle sich stoßen (2,8).

Christus ist das große Beispiel, das der Apostel immer wieder bei seinen sittlichen Ermahnungen herausstellt.
Der Brief endet mit dem herrlichen Wort *»Ladet alle eure Sorgen* auf ihn ab, denn *er sorgt für euch«* (5,7) und der eindringlichen Mahnung: »Seid wachsam und nüchtern! Euer Feind, der Teufel, schleicht umher wie ein hungriger Löwe« (5,8).

(Lesezeit ca. 20 Minuten.)

Der zweite Brief des Petrus (2 Petr)

stammt nicht von dem Apostel, sondern wurde vermutlich erst um 100, also lange nach dem Tod des Petrus geschrieben. Er will eine Mahnung zur Standhaftigkeit im Glauben und eine Ermutigung zum Leben mit Jesus Christus sein:

»Jesus Christus hat euch erwählt und berufen. Setzt alles daran, daß ihr euch dessen würdig erweist! Dann werdet ihr nie vom rechten Weg abkommen« (1,10).

»Der Tag des Herrn kommt unvorhergesehen wie ein Dieb« (3,10).

»Lebt mehr und mehr aus der Gnade unseres Herrn und Retters Jesus Christus und lernt ihn immer tiefer erkennen« (3,18).

(Lesezeit ca. 15 Minuten.)

Der erste Brief des Johannes (1 Joh)

zeigt eine nahe Verwandtschaft mit den Abschiedsreden des 4. Evangeliums (Joh 13,1–17,26), so daß man den gleichen Verfasser vermutet, obwohl man sonst keine weiteren Angaben dazu besitzt. Ihm fehlen auch Anrede, Briefschluß und eine klare systematische Gliederung, so daß man mehr von einer theologischen Betrachtung sprechen sollte.
Diese aber ist dem Verfasser wunderbar gelungen. Seine Aussagen über Gott berühren die tiefsten Wesenszüge Gottes und die daraus gezogenen Schlüsse ergreifen unser Innerstes:

»Gott ist Licht; in ihm gibt es keine Spur von Finsternis« (1,5).

»Wenn wir behaupten, mit Gott verbunden zu sein, und gleichzeitig im Dunkeln leben, dann lügen wir, und unser ganzes Leben ist unwahr« 1,6).

»Wer behauptet, im Licht zu leben, aber seinen Bruder haßt, der ist immer noch im Dunkeln« (2,9).

»Wer nicht liebt, kennt Gott nicht, denn Gott ist Liebe« (4,8).

»Wer in der Liebe lebt, der lebt in Gott, und Gott lebt in ihm« (4,16).

Verfaßt wurde der 1. Johannesbrief bald nach der Niederschrift des 4. Evangeliums, vermutlich um 90–100.

(Lesezeit ca. 15 Minuten.)

Der zweite Brief des Johannes (2 Joh)

ermahnt eine nicht näher bezeichnete Gemeinde zur Wahrheit und zur Liebe und läßt dabei auch paulinische Grundzüge erkennen:

»Ihr habt von Anfang an gehört, wie sein Gebot lautet: *Die Liebe muß euer ganzes Leben bestimmen«* (Vers 6).

Im Gegensatz zum 1. Johannes-Brief geben der zweite und der dritte einen »Ältesten« als Verfasser an. Auch sind beide in Briefform geschrieben.

(Lesezeit ca. 3 Minuten.)

Der dritte Brief des Johannes (3 Joh)

wendet sich nicht an eine Gemeinde, sondern an eine einzelne Person, an Gaius, einen Freund des Verfassers (Vers 1). Er bittet um Unterstützung für durchreisende Brüder (Vers 2–8), berichtet von einem überheblichen Gemeindeleiter (Vers 9f) und ermahnt:
»Nimm dir das Schlechte nicht zum Vorbild, sondern das Gute! *Wer Gutes tut, gehört zu Gott«* (Vers 11).

(Lesezeit ca. 3 Minuten.)

Der Brief des Judas (Jud)

Der Verfasser nennt sich »ein Bruder von Jakobus« (Vers 1). Es ist nicht sicher, ob es sich dabei um einen Verwandten des »Herrenbruders Jakobus« und damit von Jesus (Mt 13,55; Mk 6,3) gehandelt hat.
Der Judasbrief wurde etwa zwischen 80 und 90 verfaßt. Nachdem er sich zunächst ausführlich gegen falsche Lehrer wendet, gibt er Anweisungen für ein Leben aus dem Glauben und in der Liebe:
»Betet in der Kraft des Heiligen Geistes! Verscherzt nicht die Liebe Gottes« (Vers 20f).
»Habt Erbarmen mit denen, die im Glauben unsicher geworden sind und kümmert euch um sie« (Vers 22).

(Lesezeit ca. 6 Minuten.)

Die Offenbarung des Johannes (Offb)

ist das prophetische – und vom Verständnis her – schwierigste Buch des Neuen Testaments. Der Titel »Offenbarung« stammt

vom Verfasser (1,1), der sich Johannes nennt und von Gott selbst den Auftrag bekam, diese erste christliche Apokalypse (griechisch: Enthüllung, Offenbarung) niederzuschreiben (1,10–20). Er war »auf die Insel Patmos verbannt worden, weil ich Gottes Wort und die Wahrheit, die Jesus ans Licht gebracht hat, öffentlich verkündet habe« (1,9).
Die heutige Bibelforschung ist überzeugt, daß dieser Johannes nicht identisch ist mit dem Verfasser der 3 Johannes-Briefe und dem des 4. Evangeliums, da die sprachlichen und inhaltlichen Unterschiede zu groß sind. Vermutlich wurde die Offenbarung des Johannes um 90–95 verfaßt.

Zweck der Offenbarung war, die Christen in der Verfolgung zu trösten, sie in ihren Leiden zu ermutigen und zu ermahnen: Gott ist der Herrscher des Weltalls und Jesus ist der Herr der Geschichte, der am Ende der Zeiten Satan und seine Anhänger besiegen und vernichten wird. Jetzt aber schon ruft er uns zur Umkehr:
»Macht also Ernst und kehrt um! Hört gut zu: Ich stehe vor der Tür und klopfe an. Wenn jemand meine Stimme hört und öffnet, werde ich bei ihm einkehren« (3,19f).

Den Briefen an die sieben Gemeinden Kleinasiens (Kapitel 1–3) folgt eine große Vision des Himmels (Kapitel 4–20), die mit der Niederlage Satans und dem großen Gericht abschließt. Die letzten beiden Kapitel (21 und 22) berichten von einem neuen Himmel und einer neuen Erde:
»Gott selbst wird als ihr Gott bei ihnen sein. Er wird alle ihre Tränen abwischen. Es wird keinen Tod mehr geben und keine Traurigkeit, keine Klage und keine Quälerei mehr. Was einmal war, ist für immer vorbei« (21,3f).

(Lesezeit ca. 1¼ Stunden.)

Nähere Informationen

Diese kurzen Einführungen in die Bücher der Heiligen Schrift wollten Ihnen vor allem Freude am Bibel-lesen machen und aufzeigen, wie packend und geistig bewegend die Heilige Schrift für einen aufgeschlossenen Leser sein kann.

Wenn Sie sich näher mit dem Alten und dem Neuen Testament beschäftigen wollen, dann seien Ihnen zwei Bücher hier besonders empfohlen:

Otto Knoch, »Begegnung wird Zeugnis«. In einer sehr lebendigen und leicht verständlichen Sprache gibt der bekannte Passauer Bibeltheologe eine gediegene Einführung in die Entstehungsgeschichte der Bücher des Neuen Testaments. Besonders ausführlich werden die theologische Bedeutung, das Wesen, Sprache und Stil sowie Entstehungsgeschichte, Zeit und Ort der Abfassung der einzelnen Schriften des NT behandelt. (Verlag Kath. Bibelwerk / Butzon und Bercker).

Für das AT hat Professor Josef Scharbert ein umfangreiches »Sachbuch zum Alten Testament« vorgelegt, in dem der Leser ausführliche Anleitungen findet zum Verständnis des AT, über die Entstehung und den Inhalt der Bücher des AT sowie über die biblischen Sprachen, die Schriftformen, das Schreibmaterial und die vielen Übersetzungen im Lauf der Jahrhunderte. In einem umfangreichen Teil über die Geschichte der Gotteserfahrung Israels werden dic einzelnen Bücher des AT sehr ausführlich besprochen und erklärt. (Verlag Paul Pattloch, Aschaffenburg).

ANHANG

Zeittafel

2200–1550	Die Mittlere Bronzezeit
Um 1900–1250	Die Zeit Abrahams und der Patriarchen bis zum Tod des Mose (Die fünf Bücher Mose)
1550–1200	Jüngere Bronzezeit
Um 1500	Erfindung des Buchstabensystems
Nach 1400	Die Söhne Jakobs in Ägypten (Gen 37 – Ex 11)
Um 1250	Auszug aus Ägypten (Ex 12–14). Anschließend die Zeit in der Wüste bis zum Tod des Mose (Ex 15 – Dtn 34)
Um 1230/1220	Die Landnahme in Palästina (Buch Josua)
1200–900	Die erste Eisenzeit
Um 1200–ca. 1050/1020	Die Zeit der Richter (Das Buch der Richter / Das Buch Rut)
Um 1020	Saul wird 1. König Israels (Das 1. Buch Samuel)
Um 1010/1000–ca. 970/960	Die Königszeit Davids (Das 2. Buch Samuel)
Um 1000/900	Die *jahwistische* Niederschrift
Um 931/925	Salomons Königreich wird geteilt in ein Nordreich (Israel mit Samaria) und ein Südreich (Juda mit Jerusalem)
900–550	Die zweite Eisenzeit
Um 840	Die Propheten Elija und Elischa
Um 765	Geburt von Jesaja
	Die Propheten Micha, Hosea, Amos und Jona sind Zeitgenossen von Jesaja
Um 742/740	Jesaja wird zum Propheten berufen
722	Eroberung Samarias, Untergang des Nordreiches, assyrische Gefangenschaft (2 Kön 17)
Um 720	Die *elohistische* Niederschrift

Um 700/650	Der Prophet Nahum
Um 645	Geburt von Jeremia
Um 626	Jeremia wird zum Propheten berufen
Um 623	Geburt von Ezechiel
Um 620	Auffindung der ersten Schriftrollen mit dem »Buch des Gesetzes des Herrn« (2 Chr 34,14)
Um 600	Der Prophet Zefanja – Das Buch Habakuk
598	Belagerung Jerusalems durch Nebukadnezzar 1. Verbannung nach Babylon
593	Ezechiel wird zum Propheten berufen Obadja und Deuterojesaja sind Zeitgenossen des Ezechiel
587	Zerstörung Jerusalems. 2. Verbannung nach Babylon (2 Kön 25)
569	Letztes Zeichen von Jeremia
Um 550	Abfassung der *Priesterschrift* im Babylonischen Exil
538	Rückkehr aus dem Babylonischen Exil (Bücher Esra und Nehemia)
Um 520	Der Prophet Haggai
Um 518	Der Prophet Sacharja in Jerusalem
515	Der Wiederaufbau des Tempels ist vollendet
Um 450	Die Propheten Esra, Nehemia und Maleachi
Um 400	Endgültige redaktionelle Fassung der fünf Bücher Mose
Um 400	Das Buch Joël – Das Buch Jona
Um 250	Niederschrift der Bücher Ester und Kohelet
Um 250/200	Septuaginta (griechische Bibelübersetzung)
200	Das Buch Daniel
180	Das Buch Jesus Sirach
175–134	Die Makkabäerbücher
167	Aufstand der Makkabäer
167–164	Große Judenverfolgung
40/37–4 vor Christus	König Herodes

Die Zeitrechnung »vor Christus« oder »nach Christus« geht vom Zeitpunkt der Geburt Jesu aus. Erst später merkte man, daß man sich um sieben oder sechs Jahre verrechnet hatte.

7/6 v. Chr.	Geburt Jesu in Bethlehem
5–10 nach Christus	Paulus in Tarsus, Kleinasien, geboren
27–29	Öffentliches Wirken von Johannes dem Täufer
27/28	Taufe Jesu
29	Enthauptung des Johannes
30	Tod Jesu in Jerusalem (Ostern)
30	Ausgießung des Heiligen Geistes in Jerusalem (Pfingsten)
Um 33	Märtyrertod des Stephanus (Apg 7,54–60)
33/35	Jesus erscheint Paulus (Apg 9,1–8)
Um 45/49	Erste Missionsreise des Paulus
48/49	Apostelkonzil in Jerusalem (Apg 15,6ff)
50/52	Zweite Missionsreise des Paulus
50/51	1. Brief an die Thessalonicher / Paulus in Korinth
53/58	Dritte Missionsreise des Paulus
53/55	1. Brief an die Korinther / Paulus in Ephesus / Brief an die Galater
55/56	Brief an die Philipper
56/57	2. Brief an die Korinther
56/58	Brief an die Römer / Paulus in Korinth
58/60	Paulus in Gefangenschaft in Jerusalem und Cäsarea (Apg 21–26)
60/61	Reise des Paulus nach Rom
61/63	Paulus in römischer Gefangenschaft
	Brief an die Kolosser
	Brief an die Epheser
Um 64	1. Petrusbrief
	Christenverfolgung in Rom
64 oder 67	Tod des Petrus in Rom
67/68	Tod des Paulus in Rom
Um 70	Markus-Evangelium

70	Eroberung Jerusalems und Zerstörung des Tempels
Um 80	Matthäus-Evangelium
Um 80/90	Lukas-Evangelium
	Apostelgeschichte
	Der Judas-Brief
Um 90/100	Johannes-Evangelium
	Die Briefe des Johannes
	Die Offenbarung des Johannes
96	1. Klemensbrief erwähnt ein »Corpus Paulinum«
100	Synode von Jamnia erstellt den hebräischen Kanon des Alten Testaments
120	Älteste Fragmente mit Versen aus dem Johannes-Evangelium
225	Alle 27 Schriften des Neuen Testaments erfaßt
367	Bischof Athanasius von Alexandrien setzt für die griechische Kirche den Kanon des Neuen Testaments fest
382	Die Synode von Rom bestätigt »diese Ordnung der Schriften«
405	Papst Innozenz I.: Dies ist das gültige römische Kanonverzeichnis

LITERATUR-HINWEISE

Ergänzend zu den Bibel-Hinweisen Seite 47ff sei hier nochmals auf die verschiedenen Bibel-Ausgaben hingewiesen:
Von der *Einheits-Übersetzung* liegen preisgünstige Ausgaben vor in den Verlagen Herder (DM 14,20), Pattloch (DM 15,80) und KBW (DM 15,80). Besonders sei auf die wertvoll ausgestattete *»Familienbibel«* des KBW verwiesen, die nicht nur einen großzügigen Kommentar (von Eleonore Beck) enthält, sondern auch mit 59 Farbtafeln christlicher Kunst ausgestattet ist. Leineneinband mit Schuber DM 89,–
Ein ähnlich wertvolles Geschenk stellt die mit rund 600, überwiegend farbigen Bildern und in Kunstleder gebundene Geschenkausgabe von *»Die Gute Nachricht«* dar, die einen besonders umfangreichen Erklärungsteil besitzt. Dazu ca. 100 Sonderseiten, über 50 Karten, Zeittafeln und tabellarische Übersichten, DM 78,–. (Verlag Deutsche Bibelgesellschaft Stuttgart, in dem auch alle anderen Ausgaben von »Die Gute Nachricht« – ab DM 15,50 –, sowie die *»Luther-Bibel erklärt«* – ab DM 38,– – erschienen sind.)
Die mit einem hervorragenden Kommentar versehene *»Jerusalemer Bibel«* ist im Verlag Herder erschienen. 1854 S., 9 vierf. Karten, Leinen DM 88,–

Bereits im Textteil besprochene Bücher:
Otto Knoch, *Wer Ohren hat, der höre* – siehe S. 102 – DM 32,–
Gerhard Lohfink, *Jetzt verstehe ich die Bibel* – S. 102 – DM 35,–
Josef Scharbert, *Sachbuch zum Alten Testament* – S. 183 – DM 64,–
Otto Knoch, *Begegnung wird Zeugnis* – S. 183 – DM 26,–
Das letztgenannte Buch von Prof. Dr. Otto Knoch ist in der Reihe »Biblische Basis-Bücher« (Gemeinschaftsverlag Butzon & Bercker / KBW) erschienen, aus der noch folgende Titel empfohlen seien:
Bernhard Lang, *Ein Buch wie kein anderes. Während im ersten Teil die Entstehungsgeschichte der Bibel ausführlich behandelt wird, bringt der 2. und 3. Teil eine gut verständliche Einführung in die kritische Lektüre der Bibel. 244 S., DM 26,–*
Felix Porsch, Viele Stimmen – ein Glaube. Dieses Buch zeichnet die Hauptzüge der theologischen und christologischen Entwicklung des NT nach und öffnet den Blick für die Eigenart der einzelnen neutestamentlichen Bücher. Ein auch für den Laien hochinteressantes Buch! 284 S., DM 28,–
Kellermann u. a., *Welt aus der die Bibel kommt.* Dieser Band gibt einen Einblick in die Hintergründe der Bibel: Biblische Geographie, biblische Archäologie, die Geschichte Israels und die biblischen Sprachen werden ausführlich erklärt. 264 S., DM 28,–
Eine leicht verständliche Einführung in die biblische Geographie und Archäologie bringt das Buch von Prof. Dr. Herbert Haag: *»Das Land der Bibel«.* 161 S., DM 11,80 (Pattloch-Verlag).

Als praktische Handbücher zur Bibel seien empfohlen:
»Handbuch zur Bibel« (Brockhaus Verlag Wuppertal). Dieses modern gestaltete Handbuch mit seinen 680 Seiten hochinteressanter Informationen, mit 437 Fotos, davon 363 vierfarbig, 68 Karten, 20 graphischen Übersichten, 8 Registern und 60 Sonderartikeln ist eine wahre Fundgrube für jeden Bibelfreund. Eine Meisterleistung des Verlags in Bezug auf Inhalt, Ausstattung und Preis. 680 S., Kunstleder, Lexikonformat, DM 65,–
»Kleines Stuttgarter Bibel-Lexikon«: Ein handliches und besonders preisgünstiges Nachschlagewerk, das auf 325 Seiten rasch und zuverlässig Auskünfte über Fragen zur Bibel gibt. Verlag KBW, Paperback, DM 16,80
Der Verlag Herder legt ein *»Praktisches Bibel-Lexikon«* vor, das sowohl der Bibel-Arbeit in der Gemeinde wie auch der privaten Bibellesung dienlich sein will. 1282 S., Paperback, DM 54,–
Auf dem Gebiet der Bibel-Sachbücher nimmt der Brockhaus-Verlag in Wuppertal eine führende Stellung ein. Hier sei noch erwähnt:
»Brockhaus Biblisches Wörterbuch«, in dem man leicht und schnell nachschlagen und erfahren kann, was ein biblischer Begriff bedeutet, woher seine Wortbedeutung kommt und was der Begriff heute umschreibt. 407 S., Leinen, DM 58,–
Das *»Wörterbuch zur biblischen Botschaft«* aus dem Verlag Herder ergründet umfassend den theologischen Sinngehalt aller wichtigen Grund- und Leitworte aus dem AT und dem NT. 827 S., Paperback, DM 39,80

Kommentar-Werke zur Bibel:
Wenn Sie sich in die Bibel eingelesen haben und den Wunsch verspüren, die Worte und Aussagen der Heiligen Schrift immer besser verstehen und noch tiefer ergründen zu wollen, dann sollten Sie sich im Lauf der Zeit ein eigenes Bibel-Kommentarwerk ansammeln. Da viele dieser Kommentare aber in erster Linie für den ausgebildeten Theologen verfaßt sind, möchte ich Ihnen hier als eine für den Laien leicht verständliche und sehr praktische Einführung die Bände der *»Wuppertaler Studienbibel«* empfehlen. Sie bringen nicht nur klare, sachliche Erläuterungen der einzelnen Worte, Begriffe und Gleichnisse und eine gute Einführung in die Sitten und Gebräuche Israels. Darüber hinaus versuchen sie, den überzeitlichen Sinn der einzelnen Bibelworte deutlich herauszustellen und die biblischen Aussagen in ihrem ewigen Gehalt begreifen zu lassen. Für mich sind die Bände der »Wuppertaler Studienbibel« die beste und leicht verständlichste Einführung in die Heilige Schrift. Ich empfehle sie jedem aufgeschlossenen Bibel-Leser.
Der »Stuttgarter Kleine Kommentar« aus dem Katholischen Bibelwerk (KBW) sei hier ebenso erwähnt wie der dazu herausgegebene »Fernkurs«, der im Moment neu in Vorbereitung ist. Nähere Auskünfte beim KBW 7000 Stuttgart, Silberburgstr. 121.
Für theologisch Interessierte sei der wissenschaftlich hochstehende Kommentar »die neue Echter-Bibel« empfohlen, für deren Herausgeberschaft Weihbischof Dr. Josef G. Plöger und der bekannte Alttestamentler Prof. Dr. Josef Schreiner (für das AT) und die Professoren Dr. Joachim Gnilka und Dr. Rudolf Schnackenburg (für das NT) verantwortlich zeichnen.